天武天皇の正体

古人大兄＝大海人＝天武の真相

林 順治

えにし書房

はじめに

1

　享年100歳で亡くなった日本の古代史研究を代表する直木幸次郎（1919-2019）は日本古代史をどのように考えていたのでしょうか。この問いに答えるためには直木幸次郎が自ら長年携わって上梓した1998（平成10）小学館発行の『日本書紀』（①〜③、校注・訳者：小島憲行・直木幸次郎・西宮一民・蔵中進・毛利正守）の②巻（仁徳〜推古）と③巻（舒明〜持統）の次のような解説を避けて通ることはできません。

　『日本書紀』と『古事記』はよく比較される。『古事記』は上・中・下巻のうち、上巻で神代、中巻で神武から応神まで、下巻で仁徳天皇から推古天皇までの物語を載せる。対して『日本書紀』は全30巻のうち、神代に2巻、神武から応神まで8巻、仁徳から推古までは12巻、そして舒明天皇から持統天皇まで8巻をあてる。

　両書を比べると『古事記』が全体の3分の1をあてる神代は、『日本書紀』では全体の15分の1である。『古事記』が神代を含む古い時代に重点を置き、『日本書紀』はむしろ新しい時代を詳しく記述する方針であったことがわかる。

　『古事記』や『日本書紀』が編纂された奈良時代初期の人々にとって近・現代である舒明天皇（在位629-611）以後の時期についてみると、この傾向は一層はっきりする。『古事記』は舒明から持統までの時期を扱っていないのに対し、『日本書紀』は8巻、すなわち『日本書紀』全体の30分の8（4分の1強）をあてている。

　言うまでもなく舒明天皇は律令体制を固めた天智（在位662-671）、天武天皇（在位672-686）の父であり、奈良遷都を成功させ、『古事記』

を上奏させた元明天皇（在位708–714、父は天智）の祖父である。舒明の即位から『古事記』の上奏（和同5年＝712）まで83年、『日本書紀』の上奏（養老4年＝720）まで91年である。

　『古事記』はこの身近な時代の歴史について一言も語らず、神代の物語と応神以前の伝説に全体の3分2を費やし、『日本書紀』は舒明即位から持統（在位687–697）の譲位の697年までの69年を語るのに、巻数の4分の1強、分量で3分の1を使っている。

　『日本書紀』が上奏されたのは養老4年（720）で、時の天皇元正（在位715–723）からすると、最初の舒明は曾祖父、最後の持統は祖母に当たり、年数では養老4年より数えて91年前から23年前までの事がらが記されている。

　たしかに直木幸次郎の指摘する通り、『日本書紀』が舒明天皇を基点に編纂されていることがよく理解できます。『日本書紀』完成の上奏を受けた元正天皇（在位715–725、748年没）は天武9年（680）の生まれですから、持統天皇11年には19歳です。そして『日本書紀』編纂責任者の天武天皇の第3皇子舎人親王（676–735）は21歳です。

　『日本書紀』完成の時点に立ってみるならば、舒明天皇から持統天皇までの69年の歴史は、元正天皇（父は草壁皇子。母は元明天皇、文武天皇の姉）や舎人親王（天武天皇の第3皇子。母は天智天皇の子新田部皇女）たちにとって父や祖父の時代、つまり近・現代の歴史であり、現在の私たちにあてはめれば大正元年（1912）から昭和20年（1945）の時期（歴史）です。

　直木幸次郎は「記紀（『古事記』と『日本書紀』）編者の父母や祖父母は、場合によっては編者自らが直接目にし、耳にすることが少なくない。言うなれば編者たちは古代国家が形成される、反乱と激動に満ちた時代を具体的に描くことができる」と指摘しています。すなわち編者自身が古代国家形成の目撃証人になりうるとして次のように言葉で言い変えています。

　　注意しなければならないのは、近い時代の記憶に鮮明な事がらを書

いた史書だからといって、それは時代が近ければ近いほど、単純に信用できない。とくに政府の事業として編纂される『日本書紀』は天皇の命によっては、例外を除いて編纂時の天皇や政府に都合の悪いことは削除・隠蔽され、都合のよいことは誇張される。かつての日本の歴史教科書が「満州国」を王道楽土の地と称え、日中戦争を聖戦としたことを想起すれば明らかである。

　『日本書紀』の場合、本巻（舒明〜持統）であつかう部分では大化の改新の記述に作為の多いことが指摘されている。筆者自身は大化改新のすべてを虚構とする説にはくみしないが、潤色・文飾が相当多いことは事実と考えている。

　この政変（大化の改新）は『日本書紀』を編纂した8世紀の朝廷によって立つ律令体制の起源となった事件だから、それを美化して描くのは当然であろう。大宝律令の成立は『日本書紀』編者の修文によるものであろう。そうした歪曲が多いことに注意するのも、本巻を紐解くときの必須の心得である。

2

　本題に入ります。いまから20年前の1990年（平成2）2月在野の古代史研究者、石渡信一郎（1926-2017）は『応神陵の被葬者はだれか』を出版、10年後の2001年6月、増補改訂版として『百済から渡来した応神天皇』を出版しました。この本は「朝鮮半島からの新旧二つの渡来集団（加羅系と百済系）による日本古代国家の成立」を命題としています。

　この命題（仮説）のもと石渡信一郎は日本最大の古墳応神陵の被葬者が百済から渡来した昆支王であることを明らかにしました。百済蓋鹵王（在位455-475）の弟で左賢王の昆支は、461年倭国に渡来して倭の五王「讃・珍・済・興・武」の済の入婿となります。倭の五王の讃は加羅系渡来集団の崇神（始祖王）・垂仁に続く3代目の倭王です。『日本書紀』では讃は景行天皇として登場します。

倭の五王と倭武(昆支)との関係図

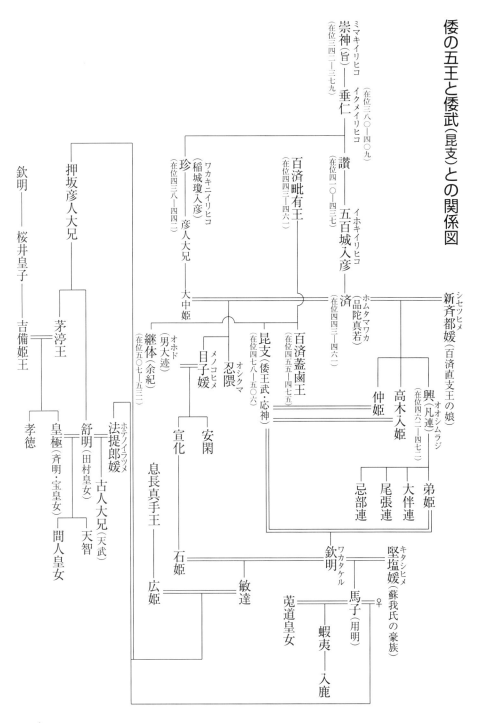

崇神（旨）
（在位三八〇—四〇九）
ミマキイリヒコ
イクメイリヒコ
垂仁
（在位三四二—三七九）

讃
（在位四一〇—四三七）
五百城入彦
イホキイリヒコ

済
（在位四四三—四六一）
ホムタマワカ
（品陀真若）

珍
（在位四三八—四四二）
ワカキニイリヒコ
（稲城瓊入彦）
彦人大兄

百済毗有王
（在位四二七—四五五）

大中姫

新斉都媛（百済直支王の娘）
シセツヒメ

興（凡連）
オオシムラジ
（在位四六二—四七一）

高木入姫
仲姫

昆支（倭王武・応神）
（在位四七八—五〇六）
百済蓋鹵王
（在位四五五—四七五）

大伴連
尾張連
忌部連
弟姫

欽明
桜井皇子
吉備姫王

押坂彦人大兄
茅渟王

稲城瓊入彦
継体（男大迹・余紀）
（在位五〇七—五三一）
オホド
メノコヒメ
目子媛
宣化
安閑
オシクマ
忍隈

息長真手王

法提郎媛
ホテイラツメ
舒明（田村皇女）
皇極（斉明・宝皇女）
孝徳

古人大兄（天武）
間人皇女
天智

石姫
広姫
敏達

欽明
ワカタケル
馬子（用明）
堅塩媛（蘇我氏の豪族）
キタシヒメ
菟道皇女
蝦夷
入鹿
♀

　讃は卑弥呼の子女王台与が西晋（265-316）に朝貢してから途絶えていた中国への遣使を147年ぶりの413年に東晋（317-420）の安帝（在位396-418）に送り、中国の史書（『宋書』倭国伝）に名をとどめることになったのです。

　この加羅系渡来王朝は奈良三輪山の南山麓（桜井市一帯）を根拠地としたので三輪王朝とも、初代崇神の名をとって崇神王朝ともいいます。百済から渡来した昆支は倭の五王の最後の倭王武となり、武＝タケル大王とも日十＝ソカ大王（隅田八幡鏡銘文）とも呼ばれ、崇神王朝を受け継ぎ百済系ヤマト王朝の始祖王となります。

　石渡信一郎の研究（『新訂・倭の五王の秘密』、2016年発行）によれば崇神王朝の始祖王崇神（旨）（在位342-379）は纏向の箸墓古墳（奈良県桜井市）の被葬者であり、その子垂仁（在位380-409）の墓は渋谷向山古墳（伝景行陵、天理市）であり、讃（在位410-437）の墓は行燈山古墳（伝崇神陵、天理市）です。

　さらに石渡氏は讃の次の「珍・済・興・武」4人の天皇の在位と陵墓も明らかにしています。讃の弟珍（在位438-442）の墓は五社神（伝神功陵、奈良市）、済（在位443-462）の墓は仲ツ山古墳（伝仲津姫陵、藤井寺市）、済の子興（在位462-477）の墓は石津丘古墳（伝履中陵、堺市）、そして武（在位478-506）は誉田山古墳（伝応神陵、羽曳野市）です。

　であれば『日本書紀』記載の仁徳・履中・反正・允恭・安康・雄略・清寧・顕宗・仁賢・武烈10人の天皇は「不在天皇10人」となり、天皇の分身・虚像・化身となります。たとえば実在の倭王武＝昆支王に応神・神武、継体に対して仁徳、欽明（稲荷山鉄剣銘文のワカタケル大王）に雄略と武烈という具合です。

　このように石渡信一郎は在野にありながら『宋書』倭国伝・百済伝、『三国史記』や『日本書紀』など学際的観点から考古学的整合性を追求し、加えて七支刀銘文、好太王碑文、隅田八幡鏡銘文、武寧王墓誌、稲荷山鉄剣銘文等々の金石文解読によって東アジアの古代史を浮き彫りにしました。

　これらの研究成果は石渡信一郎が井原教弼の研究「干支一運60年の天

皇紀」を受けて行われたことを銘記しなければなりません（『新訂・倭の五王の秘密』第1章「辛未年の謎を解く」参照）。

3

　続いてサブタイトルの「古人大兄＝大海人＝天武の真相」について説明します。『日本書紀』舒明天皇2年（630）条に「舒明と皇后宝皇女（皇極・重祚斉明）の間に生まれた第1子が葛城皇子（天智）、第2子が間人皇女、第3子が大海人皇子（天武）という。また舒明は夫人蘇我馬子大臣の娘法提郎媛との間に古人大兄を生む」と書かれています。

　この100字にも満たない文章に登場する天皇・皇后・皇子・皇女6人の中に乙巳クーデター（645・6・12）、いわゆる「大化の改新」に関係する人物が4人います。皇極天皇、葛城皇子（天智天皇）、大海人皇子（天武天皇）、古人大兄です。しかし実際は3人です。

　何故かと言いますと、大海人皇子＝古人大兄だからです。イコールとは同一人物のことですが、本体（当事者）に対して分身・化身・虚像を意味します。大海人＝古人大兄の人物のどちらが本体かと問うならば、大海人が本体です。古人大兄は乙巳クーデターから3ヵ月経った9月3日中大兄に殺害されます。

　『日本書紀』は多くの分身・化身・虚像をつくり、あったことをないことにし、ないことをあったことにしています。もちろん都合よってはあったことをあった通りに書く時も多々あります。先述しましたように『日本書紀』と『古事記』は8世紀初頭（720年）の継体・敏達系の舒明天皇の子天武によって企画された編年体の日本の正史ですが、虚実半々の物語です。中大兄（天智）による古人大兄の殺害は、なかったことをあったかのように書いた典型的な例です。

　しかし天武天皇＝大海人皇子＝古人大兄の母が大王蘇我馬子の娘法提郎媛であるならば、古代日本国家形成の物語は根底から覆されると言って過言ではありません。分身・化身・虚像が白日の下に露わになるからです。

厩戸王＝聖徳太子がよい例です。厩戸王＝聖徳太子が大王蘇我馬子の分身であり、女性天皇推古は虚構の女性天皇です。やっかいなことに本体蘇我馬子にも分身用明天皇がいます。その大王馬子の娘法提郎媛が舒明（田村皇子）と間に古人大兄＝大海人＝天武を生んでいるのです。

　そればかりではありません。石渡氏は百済昆支王が隅田八幡鏡銘文（503年）の「日十大王」と同一人物であり、その鏡が百済武寧王から継体（『日本書紀』は男大迹王。『古事記』は袁本杼命）に贈られたことを解明しました。

　隅田八幡鏡銘文の解読によって武寧王は日十大王＝昆支王の子であり、武寧王から鏡を贈られた継体（男大迹王）は日十大王の弟であることも明らかにされました。隅田八幡鏡銘文は石渡信一郎によって次のように解読されています。

　　　癸未年八月日十大王年男弟王在意柴沙加宮時斯麻念長奉遣開中費
　　　直穢人今州利二人尊所白上同二百旱所此竟〔隅田八幡鏡銘文〕

　　　癸未年（五〇三）八月、日十大王（昆支）の年（世）、男弟王（継体）が意柴沙加宮（忍坂宮）に在す時、斯麻（武寧王）は男弟王に長く奉仕したいと思い、開中（辟中）の費直（郡将）と穢人今州利の二人の高官を遣わし、白い上質の銅二百旱を使って、この鏡を作らせた。〔石渡信一郎解読文〕

　さらに石渡氏は稲荷山鉄剣銘文（531年）のワカタケル大王を欽明天皇と同一人物とし、欽明を昆支（応神、倭王武）晩年の子とし、欽明天皇は日本古代史上最大の辛亥（531年）のクーデターによって継体の子安閑・宣化を殺害し、加羅系と百済系の対立・分裂を和合統一した天国排開広庭＝ワカタケル大王としました。

　日本古代史学会（界）やその他諸々の在野の古代史研究者や作家、そして文科省検定歴史教科書等々の圧倒的多数が稲荷山鉄剣銘文を「辛亥年＝471年説、ワカタケル大王＝雄略天皇説」としたのに対して、石渡信一郎

は「辛亥年＝531年説、ワカタケル大王＝欽明天皇説」を提唱しました。

　氏は1990年（平成2）の64歳の時『応神陵の被葬者はだれか』を出版以来、日本古代史の数々の難問を解きましたが。そのなかでもっとも大きな功績の一つは大王蘇我馬子の血を引く古人大兄が天武天皇（大海人皇子）と同一人物であることを明らかにしたことです。なぜなら日本古代史上もっとも難解かつ複雑な日本古代国家の形成の秘密を解いているからです。

　このように日本古代史における前代未聞の数々の発見をした石渡信一郎氏ですが、『倭の五王の秘密』（信和書房）の新訂判を2016年に出版し、2017年1月9日享年90歳で亡くなりました。その勇気と知力は戦後75年の日本古代史研究の金字塔と言っても過言ではありません。

天武天皇の正体　目次

はじめに　3

第1章　天武天皇が企画した『日本書紀』……………………………………　13

　　1　天皇持統と草壁皇子の後見人藤原不比等　13

　　2　田村皇子即位のシナリオ　15

　　3　優柔不断な大臣蝦夷　20

　　4　国家を2分する権力　23

　　5　境部摩理勢の正体　25

第2章　唐の台頭と激変する朝鮮三国と倭国 ……………………………　29

　　1　舒明天皇と皇后皇極の系譜　29

　　2　薬師恵日の正体　31

　　3　唐の使者高表仁、太子入鹿と争う　35

　　4　舒明天皇の九重塔はなかった　38

第3章　蘇我蝦夷は大王だった ………………………………………………　45

　　1　坂口安吾の夢　45

　　2　百済系渡来集団の蘇我系と継体系　51

　　3　大王蝦夷と金光明経最勝王経　53

　　4　虚構の女性天皇皇極　55

第4章　乙巳＝645年のクーデター …………………………………………　61

　　1　蘇我蝦夷は紫冠を入鹿に授ける　61

　　2　入鹿と謎の皇子古人大兄　65

　　3　藤原鎌足の構想と計略　68

　　4　捏造された入鹿暗殺の場面　70

第5章　孝徳天皇の即位と退位 ………………………………………………　77

　　1　創作された古人大兄の謀反　77

　　2　悲劇の蘇我倉山田麻呂　80

　　　3　孝徳政権の反百済政策　84

　　　4　伊吉博徳の物語　92

第6章　百済の滅亡と白村江の戦い …………………………………　97

　　　1　唐・新羅の百済侵略と義慈王　97

　　　2　左平福信、百済救援軍を要請する　100

　　　3　"百済の名は今日をもって絶えた"　103

　　　4　唐の高句麗侵略再開　105

第7章　古人大兄＝大海人＝天武天皇………………………………　109

　　　1　検定日本史教科書　109

　　　2　異議を唱える在野の研究者　111

　　　3　異母兄弟の天智と天武　116

　　　4　ヲケとオケの物語　119

第8章　壬申の乱 ………………………………………………………　125

　　　1　天智天皇の近江遷都　125

　　　2　天智天皇の死　129

　　　3　大海人皇子の決起　131

　　　4　大海人皇子はなぜ壬申の乱に勝利したか　142

第9章　天武天皇と持統天皇 …………………………………………　147

　　　1　吉野の盟約　147

　　　2　悲劇の大津皇子と高市皇子　153

　　　3　持統と文武の後見人藤原不比等　157

　　　4　万世一系天皇の物語　163

　おわりに　169

　参考文献　183

第1章　天武天皇が企画した『日本書紀』

1　天皇持統と草壁皇子の後見人藤原不比等

※ 兄弟相承か父子相承か

『日本書紀』巻第23の息長足広額こと舒明天皇即位前紀の冒頭は次の通りです。

> 息長足広額天皇は渟中倉太珠敷天皇（敏達天皇）の孫であり、彦人大兄の子である。母は糠手姫皇女という。豊御食炊屋姫天皇（推古天皇）の29年（621）に皇太子豊聡耳尊が亡くなった。しかし皇太子を立てていなかった。36年（628）の3月豊御食炊屋姫天皇が亡くなった。9月葬礼が終わった。天皇の後継はまだ決まっていなかった。

『日本書紀』の編纂者は推古天皇の死後、あたかも山背大兄皇子（聖徳太子の子）と彦人大兄の子田村皇子（舒明）の皇位継承の争いがあったかのように書いていますが、蘇我王朝3代（馬子・蝦夷・入鹿）の実在をなかったことにするため、大王蘇我馬子の長子蝦夷と馬子の弟境部摩理勢の即位継承の争いを、蝦夷と田村皇子の争いに見せかけています。

『古事記』序に「天武天皇の命で稗田阿礼が誦習（暗誦）した『帝皇日継』（天皇の系譜）と『先代旧辞』（古い伝承）を太安万侶が、編纂したものである」と書かれています。たしかに『日本書紀』と『古事記』の編纂を企画したのは天武天皇です。

そして天武の意思を引き継いで「記紀」（『古事記』と『日本書紀』）を完成させたのは、持統と草壁の後見人となった藤原鎌足の子であり時の最高

権力者であった藤原不比等です。

　通説の『古事記』が古く『日本書紀』が新しいのではありません。蘇我氏を敵視する藤原不比等が長子藤原武智麻呂（680–737）を長とする「記紀」編纂グループを組織してアマテラスを祖とし神武を初代天皇とする万世一系天皇の物語をつくったのです。

※ 虚実半々の万世一系の物語

　万世一系天皇の物語をつくるためには多くの架空の天皇が必要です。しかし「いなかった」天皇から「いる」天皇をつくることはできません。実在の天皇をもとに架空の天皇をつくることは可能です。史実を細切れにして架空の天皇に振り分けるのです。

　その大がかりな虚構は神武天皇です。藤原不比等の指導のもと『日本書紀』編纂者は蘇我氏の始祖王である実在の昆支（倭王武、応神）を紀元前660年に即位した架空の天皇としています。

　『隋書』倭国伝に「開皇20年（600）、倭王、姓は阿毎、字は多利思比孤、号は阿輩鶏彌、遣使を王宮に詣でさせる」と書かれているアメノタリシヒコは大王馬子（用明）のことです。時の大王は女帝推古天皇でも聖徳太子でもありません。

　太安万侶が『古事記』で言う帝紀と旧辞は、『日本書紀』推古天皇26年（618）条に「皇太子（聖徳太子）・島大臣（馬子）、共に議りて、天皇紀と国記、臣・連・伴造・国造・百八十部、あわせて公民等の本記を録す」と書かれている「天皇紀と国記」のことです。

　実は「天皇記」と「国記」は、崇神を始祖王とする加羅系渡来集団が残した記録と倭王武を始祖王とする百済系渡来集団が残した記録が、加羅系と百済系を和合統一した欽明＝ワカタケル大王に引き継がれ、そしてワカタケル大王の子馬子（用明）に引き継がれた天皇の系譜と事績の史料をさしています。

　天武が即位するまでは天皇は倭国（日本）内では大王あるいは天王と呼ばれ、対外的には「倭王」「倭国王」「大倭王」等と呼ばれていました。日

本という呼称も天皇とほぼ同時に使われるようになったと考えてよいでしょう。

　天武は壬申の乱を制することによって自らの出自とする継体系王朝を復活させました。『日本書紀』は天武の子舎人親王（母は天智の皇女の新田部皇女）が中心になって編纂した正史ですが、彦人大兄（田村皇子の父）を「皇祖大兄」と書き、継体の虚像・分身として仁徳天皇を聖帝として描いています。

　また天武天皇13年（648）10月、天武は八色の姓を定めましが、最高位の真人の姓を与えられた13氏族のうち、10氏族は継体系氏族です。10氏族とは次の通りです。三国公・坂田公・酒人公・多比公・猪名公・息長公・山道公・羽田公・路公・守山公です。

　この年（648）に真人の姓を与えられた氏族のほとんどが継体系であることから、天武（古人大兄）は継体→宣化→石姫（欽明の皇太后）→敏達→彦人大兄→田村皇子（舒明）→天武と続く血統を重視していたことがわかります。

　しかし大王馬子の娘法提郎媛を母に、舒明を父にもつ天武にとって大王馬子は仏教王（聖徳大王）として尊敬すべき母方の祖父です。おそらく大王馬子追善の寺であった法隆寺（斑鳩寺）を解体し、大王馬子の墓（石舞台古墳）を暴いたのは天武（古人大兄）と母が異なる天智の仕業でしょう。

　このように蘇我王朝3代（馬子・蝦夷・入鹿）の実在をなかったことにして、虚構の女性天皇推古や聖徳太子が実在し、かつ即位できなかった田村皇子（舒明）や皇極を即位したかのようにカモフラージュすることがいかに矛盾・破綻・不合理・不明朗な文章を生み出すのか次節で検証します。

2　田村皇子即位のシナリオ

※ 推古天皇の遺言

　それでは『日本書紀』巻第23の息長足広額こと舒明天皇即位前紀から

『日本書記』の虚と実を検証することにします。「舒明紀」は舒明天皇（在位 629–641）の 12 年にわたる事績の記述ですが、その分量全体の 60% 強が即位するまでの記録（即位前紀）です。その「即位前紀」は田村皇子と山背大兄の即位争いの話で占められています。推古天皇が亡くなるときの様子は『日本書紀』推古天皇 36 年（628）条に次のように書かれています。

　　3 月 6 日天皇（推古）は手のほどこしようもなく衰弱した。そこで田村皇子（舒明）を招き入れて「天位について国政を統御して人民を養うという重大なことは、安易に言うべきことではない。お前は慎重に考え、軽々しく言ってはならない」と言った。またその日は山背大兄皇子（聖徳太子の子）も招いて「お前は未熟である。心に望むことがあっても、あれこれ言ってはならない。必ず群臣の言葉を待って、それに従うとよい」と言った。7 日天皇は亡くなった。時に御年 75 歳である。

※ 舒明即位のシナリオ

　以上の事柄を念頭にいれながら、推古天皇亡きあとの山背大兄皇子（聖徳太子の子）と田村皇子（彦人大兄皇子の子）による皇位継承の争いを「舒明紀」にそって検証します。

　推古天皇没後の後継者を自分 1 人で決めようと思った大臣蝦夷ですが、群臣の反対を恐れ、阿倍麻呂臣と相談して大臣蝦夷の家に群臣を集めて饗応します。後継者を 1 人で決めようと思った大臣蝦夷ですが、「群臣の反対を恐れる」という『日本書記』の記述は最初から矛盾を露呈しています。

　事実、この虚構の「舒明紀」は大臣蝦夷を優柔不断な人物として描いているのが大きな特徴です。『日本書紀』編纂者が即位しなかった田村皇子（舒明）を即位したことにする意図が見え見えです。

　ちなみに大臣蝦夷の代役をつとめる阿倍麻呂は、以前、推古天皇に「葛城県は私の封県にしたい」と伝える蘇我馬子の使者となる阿倍臣摩呂と同一人物です。阿倍臣は以前から蝦夷の父大王馬子の重臣です。これでは

阿倍臣麻呂は馬子を継いで蝦夷が大王になったことを曝露しているようなものです。

　さて優柔不断の大臣蝦夷に代わって阿倍麻呂が群臣に「今、天皇が亡くなったが、後継がいない。誰を天皇にするか」と尋ねます。誰も答えません。そこで阿倍臣はまた尋ねます。「推古天皇の言う通りです」と大伴鯨連。阿倍臣はさらに「本意を明らかにせよ」と迫ります。ようやく大伴鯨連は「田村皇子に怠ってはならないと天皇が言ったのだから、皇位はすでに定まったと言えるでしょう」と答えます。

　その場に一緒にいた采女臣摩礼志・高向臣宇摩・中臣連弥気・難波吉士身刺の4臣が「大伴連の言葉通り、まったく異議がありません」と同調します。

　采女臣摩礼志・高向臣宇摩・中臣連弥気・難波吉士身刺の4臣ですが、難波吉士身刺を除く3人は天武天皇13年（684）11月1日条の朝臣賜姓52氏の中に入っています。この3人が『日本書紀』を企画した天武（舒明の子）から朝臣賜姓の優遇を受けるのは何ら不思議でありません。

　ちなみに「朝臣」は、684年（天武13）に制定された八色の姓の制度で新たに作られた姓であり、上から2番目に相当します。1番上の真人は主に皇族に与えられたため、皇族以外の臣下の中では事実上1番上の地位にあたります。

　ところで許勢臣大摩呂・佐伯連東人・紀臣塩手の3人は「山背大兄皇子を天皇にすべきです」と山背大兄を推します。それまで黙っていた蘇我倉摩呂臣だけが「考えた後に申上げます」と返事を保留します。

　山背大兄を推した許勢臣大摩呂・佐伯連東人・紀臣塩手ですが、許勢臣は「巨勢」と記され、蘇我氏と同系の氏族です。また「紀氏」も蘇我氏と同系の有力氏族です。佐伯連は大伴氏から分かれた軍事氏族です。

　これら大臣蝦夷と同族の氏族が聖徳太子の子山背大兄を指名するのは当然のことです。『日本霊異記』（平安時代初期の説話集）によれば、馬子の娘刀自古郎女が厩戸皇子（聖徳太子）に嫁いで山背大兄を生んでいるからです。

蘇我倉摩呂の「保留」に対して大臣蝦夷がどう思い、どう考えたのか、『日本書記』は何も書いていません。しかし蘇我倉摩呂（乙巳のクーデターで天智に協力した蘇我石川麻呂の父）は大臣蝦夷の弟ですから山背大兄支持のはずです。流れから言えば阿倍麻呂を入れて山背大兄支持が４人、田村皇子支持が５人です。蘇我倉摩呂は保留ですから大臣蝦夷はどちらにつくのかは立場上どちらとも言えません。

　大臣蝦夷は「これではことがうまくいかなくなる」と思い、この場を退出します。ところが以前、大臣蝦夷は独自に境部摩理勢（大臣蝦夷の叔父、馬子の弟）に「天皇（推古）が亡くなったが、誰を後継者にしようか」と尋ねたとき、摩理勢は「山背大兄がよい」と答えました。摩理勢を山背大兄支持に数えると、田村皇子支持が５人、山背大兄支持が５人で評決は５分５分となります。

　それにしても大臣蝦夷の責任は重大です。蝦夷がどちらを支持するかによって次の天皇が決まるからです。この大臣蝦夷の態度をみると、天皇の即位継承を多数決で決定しようとする蝦夷は故意に優柔不断に描かれ、田村皇子（舒明）の即位は本当かどうかの疑いが生じます。

　大臣蝦夷らの会議の噂を聞いた斑鳩宮の山背大兄皇子は、蝦夷のところに三国王と桜井臣和慈古の２人を秘密裏に訪ねさせます。『日本書紀』（小学館日本古典文学全集、以下同）訳者頭注によると山背大兄が派遣した三国王と桜井臣について「他に見えず」とあります。要するにこの２人についてはわからないということです。

　三国王と桜井臣が大臣蝦夷に伝えた山背大兄皇子の考えとは「噂によると叔父（蝦夷）は田村皇子を天皇にしようとしていると聞いた。私はそれを聞いて居ても立っても坐ってもずっと考えているが、まだその道理を納得できないでいる。どうか叔父の本意を知らせてほしい」というものです。山背大兄の憂慮を知った大臣蝦夷は阿倍臣・中臣連・紀臣・河辺臣・高向臣・采女臣・大伴連・許勢臣らを呼んで次のように言います。

　「お前たち大夫は、斑鳩宮に参上して、臣下の蝦夷は天皇の後継を一人で決めることはできない。ただ天皇（推古）の遺言を群臣に伝えただけだ。

群臣がそろって遺言に従えば、田村皇子が当然天皇の後継になる。仮に私自身の考えがあるとしても、恐れ多くて人伝てには言うことはできない。実際に会った時に述べる」

蝦夷の言葉を伝えるために三国王と桜井臣は斑鳩宮に参上して山背大兄に伝えます。すると山背大兄は人を介して大夫の三国王らに「天皇の遺言とはどのようなものか」と尋ねます。

すると大夫らは「私たちは深いことは知りません。大臣の話によると、天皇は田村皇子を呼んで〝国の将来を言うものではない。これからお前田村皇子は慎重に発言せよ。次に山背大兄皇子にはお前は未熟である。あれこれ言ってはならない。必ず群臣の言葉に従うがよい〟と言ったという。この事は近侍していた女王・采女らが皆知っている。また山背大兄皇子も知っていることだ」と答えます。

「この遺詔（遺言）をじきじき誰が聞き知っているのか」と山背大兄。「それは機密事項ですから私たちは存じません」と大夫ら。すると山背大兄は大臣蝦夷に伝えるよう大夫たちに次のように告げます。

親愛なる叔父は私を労わって、重臣たちを使者として教え諭された。感謝である。しかし群卿が言った天皇の遺命は、私が聞いたこととは少し違っています。私が天皇の病気見舞いに訪れたとき、ちょうど退出してきた中臣連弥気は天皇がお会いになるそうですと言うので大殿に案内されました。

そこには側近の栗下女王を頭に女孺（宮中に仕えた下級の女官）8人、合わせて数十人が天皇のお側にいました。また田村皇子もそこにおられた。

天皇は重態でした。「山背大兄が参上しました」と栗下女王が伝えますと、天皇は身を起こして「今、私は命運も尽き、死のうとしている。お前はわが腹心であり、寵愛の情は比類ない。そもそも帝王にとって大切な皇嗣は私の治世だけに限ることではない。お前は未熟であるがよく注意して発言せよ」と言いました。そのことはそこに控え

ていた側近のものは皆知っていることです。

3　優柔不断な大臣蝦夷

※ 大臣蝦夷の中興の祖欽明天皇

　一方、泊瀬仲王（山背大兄皇子の異母弟）は中臣連弥気（『家伝』による
と鎌足の父）・河辺臣を呼んで「我ら父子は共に蘇我氏から出ている。こ
れは天下の知るところである。それゆえ蘇我大臣を高山のごとく頼りにし
ている。どうか皇嗣（後継者）のことは軽々しく言わないようにしてほし
い」と言います。

　『日本書記』がなぜいきなり正体のわからない泊瀬仲王の話を持ち出し
ているのかその意図はわかりませんが、なにか伏線があるのでしょう。死
の直前の推古天皇に会った様子を大夫らに話した山背大兄は、また三国
王・桜井臣を大夫らに「返事を聞かせてほしい」と大臣蝦夷に尋ねさせま
す。

　対して大臣は使者の三国王と桜井臣に「先日言った通りで、異なること
は何もありません。どうして私がどの王を軽んじ、どの王を重んじること
などできるでしょうか」と使者の三国王と桜井臣に答えます。数日後、山
背大兄はまた桜井臣を使者として大臣に派遣しました。

　「先日の事は、聞いたことを述べたまでです。どうして叔父に背くこと
などしましょうか」と伝えさせます。しかし大臣蝦夷はこの日は体の具合
がわるく桜井臣に会いません。翌日、大臣は桜井臣を呼び、阿倍臣・中臣
連・河辺臣・小墾田臣・大伴連らを山背大兄皇子にところに派遣し、次の
ように伝えます。

　　磯城島宮御宇天皇の御代より近世にいたるまで、群卿はみ
　　な聡明でありました。しかし今は拙く、たまたま人材の乏しい時に
　　あって、間違って群臣の上に立ったにすぎません。そのため皇嗣を定

めることはできません。しかしこのことは重大であり、人伝に申し上げるわけにはいきません。老臣の身で大儀ではありますが、お目にかかって申しあげます。ひとえに遺勅を誤らないためです。私意ではありません。

　大臣蝦夷が山背大兄に伝えた「磯城島宮御宇天皇」とは誰をさしているのでしょうか。『日本書紀』を調べてみると敏達天皇元年（572）の6月条の後半に「磯城島宮天皇」が登場します。実はここに登場する磯城島天皇とは敏達天皇の父欽明こと天国排開広庭天皇です。

　『日本書紀』によれば欽明は継体天皇（『日本書紀』は男大迹王、『古事記』では袁本杼命）と仁賢天皇の皇女手白香皇后の嫡子ですが、すでに継体と尾張目子媛との間に安閑・宣化の年長の兄弟がいます。しかしこの『日本書紀』の系図は半分が本当で半分が偽りです。

　本当は欽明は継体の子ではなく、雄略天皇5年（461）に倭国に渡来した百済蓋鹵王の弟昆支王＝倭王武（440-506）の晩年の子です。昆支王は『宋書』倭国伝に記載されている倭の五王「讃・珍・済・興・武」の倭王済の娘仲津姫と結婚しましたが、倭王興（倭王済の子）の娘弟媛とも結婚してワカタケル大王（稲荷山鉄剣銘文の獲加多支鹵大王）を生みました。6頁の「倭の五王と倭王武（昆支）との関係図」をご覧ください。すなわちワカタケル大王＝欽明は昆支＝倭王武の晩年の子です。

　『日本書紀』は「実在しなかった」仁徳から武烈までの10人の天皇を創作して、雄略を倭王武＝昆支や欽明（ワカタケル大王）の分身・虚像とし、仁徳を継体の分身・虚像とします。また欽明天皇の祖父仁賢（手白香皇女の父）（後述）も不在天皇の1人ですから、欽明は継体の嫡子ではないことは明らかです。

※ ワカタケル大王＝欽明天皇

　欽明＝ワカタケルは531年の辛亥のクーデターで、継体天皇の死と同時に太子の安閑・宣化を殺害し大王の地位を略奪しました。『日本書紀』記

載の和風諡号「アメクニオシハラキヒロニワ」（天国排開広庭）や稲荷山鉄剣に刻まれた「ワカタケル大王」（獲加多支鹵大王）から否が応でも欽明天皇の正体が浮かび上がってきます。

「舒明即位前紀」が先の敏達天皇の父欽明を磯城島天皇としているのは、舒明（田村皇子）の祖父敏達の父欽明（ワカタケル）が磯城島（大和川上流の三輪山南山麓の初瀬川の桜井市金谷付近）に都を造ったことにちなんでいます。現に舒明天皇の墓（八角墳）は奈良県桜井市大字忍坂字段ノ塚にあります。

また雄略を倭王武（昆支）や欽明の分身・虚像とした「記紀」編纂者は雄略天皇の和風諡号を「大泊瀬幼武」（『古事記』は大長谷若建）とし、泊瀬朝倉で即位したとしています。泊瀬朝倉は大和川上流の初瀬川沿岸地域で桜井市大字寺以東になります。

現在の中・高生の検定日本史教科書は稲荷山鉄剣銘文の獲加多支鹵大王を雄略天皇（大泊瀬幼武）とし、「辛亥年」を471年としています。しかし雄略天皇（大泊瀬幼武、在位456−479）は不在天皇10人の1人で、欽明＝ワカタケル大王（在位531−571）の分身・虚像です。

ちなみに隅田八幡鏡銘文の「癸未年八月、日十大王（昆支）の年（世）、男弟王（継体）が意柴沙加宮（忍坂宮）に在す時……」の「意柴沙加宮（忍坂宮）」は百済継体系の始祖王継体（男弟王＝男大迹王）が日十大王＝倭王武の後継者として即位する前に居住したところです。この地は先の磯城島や泊瀬朝倉や舒明天皇陵のある桜井市大字忍坂の地とほぼ重なっています。

敏達天皇元年（572）の6月条に登場する大臣蘇我馬子は、『日本書紀』記載の系図では蘇我稲目の子となっていますが、稲目＝欽明ですから稲目と敏達天皇は母が異なる兄弟です。したがって敏達の子彦人大兄（田村皇子の父）にとって蘇我馬子（欽明の子）は叔父にあたり、当時兄弟相承制か父子相承制かの後継者争い（いわゆる587年の蘇我・物部の仏教戦争）で田村皇子の父彦人大兄は蘇我馬子に殺害されます。

4　国家を2分する権力

※ 謎の泊瀬王の正体

　さて山背大兄と大臣蝦夷の間で天皇（推古）の遺言があったのか、なかったのかのやり取りをしている頃、蘇我氏の諸族が集まって島大臣（蘇我馬子）の墓（桃原墓。石舞台古墳）を造成中でした。大臣蝦夷はその造成中の族長境部摩理勢のところに阿倍臣麻呂と中臣連弥気を派遣します。

　2人は「どの王を天皇とすればよいか」と尋ねます。境部摩理勢は「この前、大臣が御自身で問われた時に、私はすでに直接答えた。今またどうして人伝てに返事をしなくてはならないのか」とひどく怒ります。怒っただけではありません。墓所の庵を壊して蘇我の田所に退いてしまったのです。対して大臣蝦夷もすこぶる怒り、身狭君勝牛（他にみえず）と錦織首赤猪（他にみえず）を境部摩理勢のところに派遣し、次のように伝えます。

　　私はお前の発言の非を知っているが、親族の義理によってお前を殺すことはできない。ただし、他人が非でお前が是ならば、私は必ず他人に逆らってお前に従うだろう。もし他人が是でお前が非ならば、私はお前に背いて他人に従うだろう。

　　そういうわけで、お前が最後まで従わないようなことがあれば私とお前とは仲違いすることになる。そうすれば国も乱れよう。これによって後世の人は、我ら2人で国を損なったと言うだろう。これは後々の世の汚名である。お前はよく考え、逆心を起こしてはならない。

　「国云々」という大臣蝦夷の言い分からも『日本書紀』編纂者は蝦夷と境部摩理勢が国を2分する大きな権力を有していることを暗に伝えています。事実、境部摩理勢は蘇我氏の族長として大王馬子の墓を造成するほどの人物です。しかし「舒明紀」の境部摩理勢は大臣蝦夷と同じように気弱な人物として描写されています。これらの事がらからも舒明と山背大兄の

皇位継承の争いはなかったことを示しています。

　大臣蝦夷の高圧的な態度に反発した境部摩理勢は斑鳩の泊瀬王の宮に隠れます。この境部摩理勢を保護した泊瀬王は、『法王帝説』によれば山背大兄皇子の異母弟にあたり、聖徳聖王（聖徳太子）と膳部加太夫古の娘の子とあります。

　大臣蝦夷は群卿を山背大兄皇子のもとに派遣して「最近、摩理勢は私に背いて泊瀬王の宮に隠れています。どうか摩理勢を引き渡してください」と伝えます。対して山背大兄は「摩理勢はもともと聖王の好誼を受けています。しばらく滞在しているだけです」と返事をし、摩理勢には「お前は先王（聖徳太子）のことを忘れず、やって来てくれて嬉しいが、叔父（蝦夷）に背くわけにはいかない。どうか退去してほしい」と諭します。

　このあたりの『日本書記』の記述は混乱を極めます。描写は大雑把で、意味不明の童謡まで登場します。（『日本書記』に童謡が挿入されるのは、記述に誤魔化しがある時か、なかったことをあったことのように伝える時か、反対にあったことをなかったことにする時です）とくに「舒明紀」と「皇極紀」は度がすぎているとしか言いようがありません。

　頼りにした山背大兄に退去するように言われて、隠れるところがなくなった境部摩理勢は自宅に戻り、それから10日ほどたったころ泊瀬王も突然病気にかかって亡くなります。大臣蝦夷は摩理勢を殺そうと思い、兵を派遣します。

　そのことを知った境部臣は次男の阿椰を率いて門に出て、胡床に腰をかけて待機しました。そこに大臣蝦夷の軍兵が到着し、来目物部伊区比（他に見えず）が父子とも首を絞め、同じ場所に埋めます。しかし摩理勢の長兄毛津（他に見えず）だけは逃げて、尼寺の瓦舎に隠れ、そこで2人の尼を犯します。その1人の尼が恨んで表沙汰にしたために軍兵は寺を囲み、毛津は頸を刺して自害します。

　時の人は「畝傍山　木立薄けど　頼みかも　毛津の若子の　籠らせりけむ」と詠みます。この意味不明な童謡は『日本書紀』編纂者が事実と異なる虚構の話を挿入するときによく使う特異な手法です。

※ 法堤郎媛の子古人大兄＝天武

　ところで正体不明の泊瀬王ですが、「天武紀」12年（687）6月3日条に壬申の乱の功労者大伴連望多（大伴吹負の兄）が亡くなったときにその功績を顕彰するために派遣されたと書かれています。また「天武紀」14年（685）10月12日条には「浄大肆泊瀬王・直広肆巨勢朝臣馬飼・判官以下、合わせて20人を畿内の役に任じた」とあります。

　さらに「持統紀」9年（695）12月13日条に「浄大肆泊瀬王に賻物を賜う」とあります。賻物とは「律令制下に有位官人が死亡したとき支給される禄料」とあり、泊瀬王は持統天皇9年（695）12月頃に亡くなっています。

　泊瀬王は皇族の1人ですが、「舒明紀」の泊瀬王と「天武・持統紀」の泊瀬王が同一人物であるかどうかは断定できません。「天武紀」の頭注も泊瀬王を「系譜未詳」としています。しかし同一人物である可能性は大と言えるでしょう。

　であれば泊瀬王が持統天皇9年（695）12月頃まで生きていたことになりますから、山背大兄皇子と田村皇子の後継者争いはなかったことになり、天武が自己に不利な出自を隠すために舒明紀を改作させた可能性があります。天武天皇の不都合な出自というのは大海人＝古人大兄が大王蘇我馬子娘法堤郎媛の子であったことです。

5　境部摩理勢の正体

※ 蘇我氏の族長境部摩理勢

　問題は大臣蝦夷と些細なことで争うことになった境部摩理勢の正体です。山背大兄皇子が「叔父」と呼び、大臣蝦夷が「親族」と呼んでいる境部摩理勢は蘇我稲目の子、馬子の実弟にあたり、推古・用明天皇の実母堅塩媛、小姉君（聖徳太子の母穴穂部間人皇女を娘にもつ）と兄弟姉妹の関係にあり

ます。蘇我稲目（欽明の分身）を父にもつ馬子・境部摩理勢・石寸名・堅塩媛・小姉君はみな兄弟姉妹の関係になります。

『日本書紀』推古天皇20年（612）2月20日の檜隈大陵（見瀬丸山古墳）に欽明天皇の皇后堅塩媛を改葬する儀式で、境部摩理勢は「大臣（馬子）が多くの氏族を引き連れ、境部摩理勢に氏姓の本について誄を述べさせた」と書かれています。

その時の「大臣」は大王蘇我馬子であり、境部摩理勢は蘇我氏の代表として誄の役を担っています。ちなみにこの盛大な皇太夫人后堅塩媛の改葬の儀式に推古天皇や聖徳太子の姿が見えないのは推古も太子の厩戸王もいなかったことの証拠にもなります。

「天智紀」と「天武紀」には境部氏と坂合氏が多く登場します。例えば「天武紀」10年（681）正月11日条の「境部連石積に封60戸を与え、絁30匹・綿150斤・布150端・鍬100口下された」とある石積は、「天智紀」6年（668）11月9日条の「大山下境部連石積らを筑紫の都督府に送った」という石積と同一人物です。

この境部連石積は「天智紀」4年（666）条に「小錦守山君大石らを大唐に遣わした、云々〔等とは小山坂合部連石積・大乙吉士岐弥・吉士針間をいう。思うに、唐の使者を送ったのであろうか〕」と書かれていますが、坂合部連石積の「坂合」は「坂合＝境」ですから両者は同一人物です。

またその13年前の「孝徳紀」白雉4年（653）5月12日条に遣唐使の随行員121人のなかの1人として道昭（粟田真人）や定恵（鎌足の子）らと一緒に書かれている学生坂合部連磐積も同一人物です。すると境部連石積は「孝徳紀」白雉4年（653）から「天武紀」10年（681）までの約30年安定した地位を保っていたことになります。

見瀬丸山古墳は奈良県橿原市見瀬町、五条野町、大軽町にまたがる全長318m、その横穴式石室は全長28.4mで全国一の石室をもつ巨大古墳です。被葬者は欽明天皇か蘇我稲目とされています。欽明＝稲目ですから見瀬丸山古墳の被葬者は欽明（ワカタケル大王）です。

見瀬丸山古墳の全景（筆者撮影）

　「欽明紀」には571年4月に亡くなった欽明が9月に「檜隈坂合陵」に葬られたとあり、その「檜隈坂合陵」は通説では奈良県高市郡明日香村大字平田の平田梅山古墳とされていますが見瀬丸山古墳のことです。

　なぜなら「見瀬」はムサ（身狭）のなまりと考えられ、この古墳の西方には式内社の牟佐坐神社があり、牟佐神社と見瀬丸山古墳との間の地域は「孝元紀」にみえる軽の「境原」の地です。「檜隈坂合陵」のサカイ（坂合）は、「境原」のサカイ（境）と同じで、檜隈と軽と牟佐にまたがった地域をさす古い地名です。

※ 境部摩理勢と蝦夷の争い

　以上の事柄からも境部摩理勢は大王馬子の治世を通して太子蝦夷（後継者）に匹敵するか、あるいはそれ以上の権力と系譜を有していたことがわかります。『日本書紀』は境部摩理勢と大臣蝦夷との争いを田村皇子と山背皇子の争いに見せかけていますが、事実（真実）は「馬子→蝦夷」（父子相承）か「馬子→摩理勢」（兄弟相承）の争いであったのです。

　『日本書紀』は初代神武から14代仲哀までは父子相承、第11代天皇応神から継体までは兄弟相承として、史実と虚構を入り混ぜながら万世一系天皇の連続とその統一制を保とうとしますが、蘇我王朝3代（馬子→蝦夷

→入鹿）の実在をなかったことにしようとしたために、その構想は完全に破綻します。その破綻は天智と天武の兄弟関係（実際は天武が兄で天智が弟）によって起きた壬申の乱（後述）に如実に現れています。

　『日本書紀』の田村皇子（継体系）と山背大兄皇子（蘇我系）との皇位継承の争いは、これまで述べたように飛躍と矛盾に満ちています。持統と草壁（持統の子）の後見人である藤原不比等指導の『日本書紀』編纂者が継体・敏達系の田村皇子（舒明）を皇位継承者として描こうとする意図はわかるにしても、むしろ反対に田村皇子と山背大兄皇位継承の争いは「なかった」か、あるいは「虚構の話」であったことを露わにしています。

　次章では舒明と皇極が本当に即位しなかったことについては、隋に代わって台頭した唐の「遠交近攻策」によって朝鮮半島の高句麗・新羅・百済と倭国の政治と外交がどのように激変していくかを検証する過程において明らかにします。

第2章　唐の台頭と激変する朝鮮三国と倭国

1　舒明天皇と皇后皇極の系譜

※ 虚構の天皇の璽印

『日本書紀』巻23 舒明天皇元年（629）正月4日条から翌2年正月12日条かけて次のように書かれています。

　　大臣蝦夷と群卿はともに天皇の璽印（三種の神器）を田村皇子に献った。すると田村皇子は辞退して「国家に仕えることは重大な仕事である。私は拙く、どうしてその任に当たることができようか」と言った。群臣は伏して強固に「大王は先の天皇（推古）の愛を一身に受け、神も人も心を寄せています。皇統を継承され、万民に君臨なさるべきです」と申し上げた。その日に天皇の位についた（舒明天皇元年正月4日条）。

文中冒頭の「璽印」という言葉が腑に落ちないので「推古紀」即位前紀をみると次のように書かれています。

　　天皇（推古）の御年18歳の時に、立って渟中倉太珠敷（敏達天皇）の皇后となり、34歳の時、渟中倉太珠敷が亡くなった。39歳の時、泊瀬部天皇（崇峻天皇）の5年（592）11月、天皇（崇峻）は大臣馬子宿禰に殺され、皇位が空になった。

　　群臣は渟中倉太珠敷天皇の皇后額田部皇女（推古の幼少名）に即位して下さるよう請うたが、皇后は辞退した。百官は上表文を奉ってな

おも勧めたところ、3度目にやっと承諾された。よって天皇の璽印を
奉った。

訳者頭注によれば允恭天皇（在位 412-453）即位元年（412）に「璽府」
とあり、継体天皇（在位 507-531）の即位元年（507）2月4日条に「大伴
金村大連が跪いて天子の鏡・剣の璽符を奉って再拝した」と書かれてい
ます。
　ちなみに『日本書紀』記載の允恭天皇は仁徳天皇の子ですが、仁徳は継
体天皇の分身とされています。また渟中倉太珠敷天皇（敏達）は宣化天皇
（継体の子）の娘石姫と欽明の間に生まれています。『日本書紀』が継体・
敏達系王統によって編纂されたのであるならば允恭、継体、敏達の后推古
が「璽符」を賜った話はよほど差し引いて考えなければなりません。

※皇極の母吉備姫の墓「猿石」
　また、舒明天皇2年（630）正月12日条に次のように書かれていますが、
天武天皇の正体の根幹にかかわることが書かれていますので見逃せない記
事です。

　　舒明2年正月12日宝皇女（皇極）を立てて皇后とした。后は2男1
　女を生んだ。1子を葛城皇子という〔近江大津宮御宇天皇＝天智である〕。
　2子を間人という。3子を大海皇子という〔浄御原御宇天皇＝天武であ
　る〕。夫人蘇我大臣馬子の娘法堤郎媛は古人大兄を生んだ〔またの名は
　大兄皇子〕。また吉備国の蚊屋采女を娶って蚊屋皇子を生んだ。

　葛城皇子（天智）と大海皇子（天武）と古人大兄（天智と天武と母が異な
る）兄弟の系譜は6頁の「倭の五王と倭武との関係図」をご覧になれば一
目瞭然です。すると次のようなことがわかるからです。この系図よれば古
人大兄の父田村皇子（舒明）は敏達の子彦人大兄の子であることがわかり、
舒明の后皇極は押坂彦人大兄の子茅渟王の娘（孝徳天皇の姉）であること

がわかります。

　舒明の后皇極の系譜について『日本書紀』巻第 24 天豊財重日足天皇（皇極）条に次のように書かれています。

　　　天豊財日〔「重日」はここではイカシヒという〕足姫天皇は渟中倉珠敷天皇（敏達天皇）の曾孫で茅渟王の娘であり、母は吉備姫王という。天皇（皇極）は古の道を尊奉して政治を行った。息長足日広額天皇（舒明）天皇の 2 年に皇后となった。13 年 10 月に息長足日広額天皇が亡くなった。

　6 頁の系図によれば皇極は夫の舒明とはいとこ同士であり、皇極の母吉備姫は欽明天皇の孫であることもわかります。皇極の母吉備姫の墓は平田梅山古墳（欽明天皇の皇后堅塩媛の墓）の南側に位置する猿石と呼ばれる古墳（奈良県高市郡明日香村）とされています。

　吉備姫の父桜井皇子（欽明の子）については『日本書紀』欽明天皇 2 年 3 月条に「蘇我大臣稲目宿禰の娘は堅塩媛という。堅塩媛は 7 男 6 女を生む。その 10 番目の男子を桜井皇子という」とあります。すると皇極は蘇我系の血も引いていることになり、吉備姫の墓「猿石」が蘇我王朝 3 代の居城飛鳥に遺っている理由が説明できます。

2　薬師恵日の正体

※『日本書紀』編纂者の作為

　舒明天皇 2 年 3 月 1 日条によると、高麗の大使宴子抜・子使若徳、百済の大使恩率素子・小使徳率が共に朝貢します。また同年 8 月 5 日大仁犬上君三田耜・大仁薬師恵日（百済からの渡来人の子孫。難波薬師とも呼ばれる）が唐に派遣されます。10 月 12 日天皇（舒明）は飛鳥岡の傍らの岡本宮に移ります。

この「舒明紀」8月5日の犬上君三田耜ですが、推古天皇22年（614）6月16日条に「犬上君三田鍬・矢田部造を大唐に遣わす」とあり、その翌年の9月には三田鍬らは唐から帰国します。しかし推古天皇22年の三田鍬・矢田部造の派遣は「大唐」ではなく隋です。隋が滅びたのは618年（推古26）ですから三田鍬らは遣隋使です。

　『日本書紀』編纂者は都合によってこのようなミスを意図的に行うことが多々あります。不可解なのは舒明2年の犬上君三田耜と一緒に唐に派遣されたと書かれている薬師恵日のことです。薬師恵日は推古31年（623）7月条の「大唐の学問僧恵斉・恵光と医恵日・福因らが智洗爾に従って来朝した」という記事にも登場しています。

　とすれば薬師恵日は隋が滅びる前に隋（中国）に渡っていなければなりません。たしかに『日本書紀』推古天皇15年（607）7月3日条に「大礼小野妹子を大唐に遣わす。鞍作福利を通訳とした」と書かれています。しかしここでの「大唐」は隋であることは明々白々です。その時は同16年（608）4月に小野妹子は裴世清（隋の皇帝煬帝の名代）らに送られて帰国します。

　『日本書紀』によればこの年（608）の9月11日、小野妹子は再度裴世清（隋の大使）と一緒に隋（皇帝煬帝）を訪問します。『日本書紀』にはこの時大使小野妹子（副使は吉士雄成）に同行した学生・学問僧の倭漢福因・恵明・高向玄理・新漢人大国、南淵請安・慧隠・新漢人広済ら8人の名前が書かれています。

　問題の薬師慧日ですが、小野妹子の2度の訪隋の際に同行したと思われますが、慧日の名前は記録されていません。この慧日の名前を隠し、隋を唐に書き換えているところに『日本書紀』の作為が見え隠れしています。その作為は追ってこれから述べることで明らかにします。

　※ 唐の「遠交近攻策」

　その慧日は推古天皇31年（すでに隋が唐に代わって6年目の623年）来朝した時に次のような注目すべきことを言っています。

　唐国に留学しているものみな学業を成就しました。召喚して下さ
い。また、大唐国は法式の整備をした貴重な国です。常に交わりを絶
やしてはなりません。

　「唐国に留学しているものみな学業を成就しました」という恵日の言葉
は「隋の世に留学した学生は……」と言い換えたほうがわかりやすいで
しょう。恵日の言葉の背後には「隋の煬帝の治世にアメノタリシヒコ＝大
王馬子が小野妹子と一緒に送った高向玄理や僧旻ら留学生が大唐（新唐）
にまだ滞在している。いったん、召喚したうえで新たな外交関係を唐と結
ばなければいけない」という唐側の強い意志がこめられています。

　唐が起こった当時の中国をふくむ東アジアの状況を市販の年表で拾っ
てみると、「新羅百済を攻める」（616年）、「煬帝、江都で殺され、隋滅ぶ」
（618年）、「百済、新羅を攻める」（623年）、「百済、新羅を攻める。新羅、
救いを唐に求む」（627年）「新羅、高句麗を攻める」（629年）とあります。

　これらの記事は中国が隋から唐に代わることによってそれまでの朝鮮半
島の新羅・百済・高句麗と倭国の状況が大きく変わったことを示していま
す。唐が高句麗・新羅・百済と倭国に「遠交近攻策」（遠きと交わり近くを
攻める）を精力的に展開するようになったからです。

　「遠交近攻策」とは中国が古くから用いた侵略・支配の政治・外交上の
戦術ですが、具体的には唐が隣接する強敵高句麗を侵略・支配するため新
羅と組んで高句麗や百済を挟撃する作戦です。近い高句麗を攻めるために
遠い新羅や倭国と友好関係を結ぶのです。

　事実、薬師恵日が来朝した年の『日本書紀』推古天皇31年（623）条に
「この年に新羅は任那を征討し、任那は新羅に帰順した。そこで推古天皇
は新羅を討とうとして、大臣馬子に謀り、群卿に諮問した」と書かれてい
ます。

　しかしこの記事は『日本書紀』独特の方法によって大きく粉飾され、わ
かりにくくなっています。当時の倭国の大王は推古天皇ではなくアメノタ

リシヒコ＝蘇我馬子であることや、任那（継体天皇の時百済に割譲）が欽明天皇23年（562）にすでに新羅の支配下に入っていたことを念頭にいれておかなければなりません。

※ 反百済と親新羅派の対立

　史実は大王馬子が百済支援のために大徳境部臣雄摩侶を大将軍とし、河辺臣・物部依網連らを副将軍として数万人の兵を派遣しますが失敗します。そのことを『日本書紀』は任那と百済と新羅と倭国の複雑な外交トラブルとして粉飾しています。『日本書紀』は大王蘇我馬子を大臣としたために複雑に描写せざるを得なかったのです。

　大王馬子の晩年期には倭国は唐の遠交近攻策の影響を強く受けるようになります。この記事は倭国の支配層のなかには百済を出自とする大王馬子に対して唐を後ろ盾にする反百済・親新羅のグループが勢力を持つようになったことを示しています。

　「およそ百済の言うことは信用なりません」と言う田中臣（名は未詳）の言葉がそのことを物語っています。しかしこの正体が明らかでない田中臣が百済派で中臣連国が新羅派であることはこの記事からは判断つきません。

　『日本書紀』編纂者はどちらともとれるように書いています。ここでは蘇我馬子が大王でなく、任那・新羅和合政策の判断を間違ったのは大臣蘇我馬子であったことを強調するための『日本書紀』の作り話と考えられます。

　大王アメノタリシヒコ＝馬子の治世に帰国（623）した薬師恵日は三田耜と一緒に遣唐使として派遣される「舒明紀」2年（630）までの7年間倭国で唐の外交方針である「遠交近攻策」に従事していたと考えられます。

　ところで先述の「大仁犬上君三田耜・大仁薬師恵日（百済からの渡来人の子孫。難波薬師とも呼ばれる）が唐に派遣された」という記事に続いて舒明天皇2年10月1日の天皇（舒明）が飛鳥岡の岡本宮に移った」という記事があります。

　『日本書紀』訳者頭注によると、この岡本宮は飛鳥川東岸の雷丘、明日

香村奥山の大官大寺跡の東方、飛鳥寺の伝飛鳥板蓋宮跡の最下層遺構南板葺の3説があります。伝飛鳥板蓋宮跡説が有力です。しかし当時、大王は馬子ですから舒明が蘇我王朝の居城飛鳥に自分の城を造れるはずがありません。

3　唐の使者高表仁、太子入鹿と争う

※『旧唐書』倭国伝の高表仁

　舒明4年（623）8月唐は高表仁を使者として三田耜を倭国に送ります。この時学問僧の霊雲〔いつ渡唐したか不明〕・僧旻および勝鳥養が一緒に帰国します。僧旻（?-653）は推古16年（608）9月条の新漢人日文と同一人物です。僧旻はのち政治・宗教の面で大きな影響力を行使します。また『日本書紀』舒明天皇10月4日と翌5年正月26日条に次のように書かれています。

　　10月唐国の使者高表仁らが難波津に停泊したので、大伴連馬飼が江口（天満川の河口）まで出迎え、案内役の難波吉士と大河内直矢伏が館まで先導した。翌5年（623）正月26日高表仁らが帰国した。吉士雄摩呂・黒麻呂らが対馬まで送り、そこで引き返した。

　ところが『旧唐書』（唐の成立から滅亡までの歴史書）は高表仁が倭王に会っていないとして次のように書いています。

　　貞観5年〔唐の太宗の治世、631〕、遣使が方物を献じた。太宗はその道中の遠きを不憫に思い、勅旨で所司に歳貢を無用とさせ、また新州刺史〔州の長官〕の高表仁を遣わして節を持して行かせこれを慰撫させた。表仁は慎みと遠慮の才覚がなく、王子と礼を争い、朝命を宣しないで還った。

『日本書紀』には高表仁一行を30艘で出迎えたと書かれていますが、高表仁一行は倭王に会ったとは書かれていません。一方の『旧唐書』には「高表仁は王子と礼を争い朝命を伝えず帰った」と書かれています。いずれが本当かといえば『旧唐書』の方でしょう。

であれば高表仁が来倭したときの倭王は蘇我蝦夷以外に考えられません。高表仁と争った王子は蝦夷の子入鹿ということになります。

※ 唐の「遠交近攻策」

『旧唐書』によれば倭国が新羅の使者を通して唐に倭国の動静を報告したのは645年の乙巳のクーデターから3年後の大化4年（648）のことです。高表仁が帰国した623年から648年までの15年間、唐と倭国は事実上の国交断絶状態です。

『大和政権の対外関係研究』の著者金鉉球は、入鹿と高表仁が礼を争ったのは第1次遣唐使一行（三田鍬ら）と使者高表仁らは倭国が敵視していた新羅を経由し、しかも新羅の使者に送られてきたからだと指摘しています。

当時、百済と新羅は敵対関係にあり、倭国はもともと百済とは友好関係にありました。唐の太宗（在位626-649）は薬師恵日の情報をもとに「遠交近攻策」（遠き新羅と交わって近き高句麗を攻める）の政治的工作にとりかかったのです。太宗が第1次遣唐使を新羅経由で帰国させたのもそのためです。帰国組のなかに「推古紀」16年の僧旻や高向玄理（乙巳のクーデター派）らがいることを忘れてはなりません。

※ 大使小野妹子の虚言

ところで推古天皇14年（604）の7月3日条に大礼小野妹子が隋に派遣され、その翌々年（推古16）その小野妹子が唐の使者裴世清一行に送られて帰国した時の次のような記事があります（唐は隋の意図的な誤り。唐の建国は617年）。

　ここに妹子臣が「私が帰還する時、唐帝は書簡を私に授けました。しかし百済国を通過するときに百済人によってその書簡を盗まれました。このため奉ることができなくなりました」と申し上げた。

　そこで群臣は「そもそも使者たるものは死んでも任務を遂行するものである。この使者は怠慢にも大国の書簡を失ったのか」と、流刑に処することにした。ここに天皇は「妹子には書簡を失った罪があるが、軽々しく断罪してはならない。かの大国の客らがこれを聞いたら不都合であろう」と罪を問われなかった。

　この記事は『日本書紀』の親百済の大王馬子を為にする事例です。文中の「唐帝」を隋の皇帝煬帝（在位604–618）とした意図的な誤りです。このような粉飾記事を正史『日本書紀』に載せなければならない編纂者がどのような精神構造にあったのか調べてみる必要があります。

　この記事は明らかに推古天皇も聖徳太子も「いなかった」ことの証拠にもなります。そもそも「義と礼と知と徳」を大切にする聖徳太子（厩戸王）が本当にいたのであれば、誰にでもわかるような「嘘」がはびこるはずがないからです。

　親百済派の蘇我王朝の蝦夷・入鹿は帰国留学生から唐の親新羅の「遠交近攻策」を知らされていましたが、これまでの「親百済策」を変更し、唐との国交を深めるつもりはなかったのです。対して中大兄皇子（舒明の子）ら反蘇我・反体制派＋帰国留学生グループは、蝦夷・入鹿の百済オンリーの外交を親唐路線に切り替えようとします。

　ついに644年11月唐の太宗は高句麗に宣戦布告し、高句麗の蓋牟城を陥落させ、翌年、5月には遼東城を攻略します。中大兄・藤原鎌足ら反蘇我・反体制派グループ（大海人＝古人皇子の立場は?）にとっても、蝦夷・入鹿体制にとっても朝鮮半島の問題として放置しておくことはできなくなったのです。

　ところで大海人皇子＝古人大兄の立場はどうなるのでしょうか。後に起

きる645年6月12日の乙巳のクーデターも唐の「遠交近攻策」の延長線上にあったと考えられます。大海人皇子＝古人大兄の謎のついては後に明らかになります。

4　舒明天皇の九重塔はなかった

※ 僧旻の予言と蝦夷の反乱

　それでは舒明天皇6年（634）8月から13年（641）10月13日の舒明が亡くなる日までの天災、予言の多い「舒明紀」を次にまとめてみます。

　6年の8月長星（ながきぼし）が南方に見えた。時の人は彗星（ほうきぼし）と言った。7年（635）3月には彗星が巡って東方に見えた。7月は百済の客を朝廷に招いて饗応した。この月めでたい蓮が剣池（つるぎいけ）（橿原市石川町の石川池）に生えた。1本の茎に2つの花が咲いた。8年（636）正月1日日食があった。ちなみに剣池の東方に蝦夷と入鹿の居城甘樫丘がある。

　3月采女（うねめ）を犯した者を残らず取り調べてみな断罪した。この時三輪君小鷦鷯（おさざき）（未詳）はその尋問を苦にして頸を刺して死んだ。6月岡本宮に火災が起こり、天皇は田中宮（橿原市田中町）に移り住んだ。

　7月大派王（おおまたのおおきみ）（敏達天皇の子）は豊浦大臣（蝦夷）に「群卿及び百官らは、参朝をすっかり怠っている。今後は卯時（午前5時）の始めに参朝、巳の時（午前9時）の後に退朝させよ。そうしてそれを鐘で知らせることを規則とせよ」と言った。大臣蝦夷は従わなかった。この年国中の人が飢えた。

　9年（637）2月23日大きな星が東方から西方に流れ、雷のような音がした。時の人は「流星の音だ」と言った。または「地雷（つちいかづち）だ」と言った。僧旻は「流星ではない。これは天狗（あまぎつね）である。その吠える声が雷に似ているだけなのだ」と言った。

※ 蝦夷の反乱と上毛野君形名

　この年に蝦夷が叛いて参朝しなかった。そこで大仁上毛野君形名（未詳）を将軍に任じて討伐させた。しかし逆に蝦夷に敗北して砦に逃げ込み、ついに敵に取り囲まれた。軍衆はみな逃げて城は空になった。

　すると方名君の妻が「いまいましいことよ、蝦夷のために殺されようとは」と嘆いた。そして「あなたの先祖たちは、蒼海原を渡り万里を越えて、海外の政権を平定し、畏敬すべき武力をもって後世に名を伝えてきました。今あなたがむやみに先祖の名を傷つけるようなことがあれば、きっと後世の人々に笑われることになりましょう」と言った。

　そうして酒を酌んで夫にむりやり飲ませ、自ら夫の剣を帯び、女人数十人に命じて弦を鳴らさせた。たしかに夫も再び立ち上がって、武器を取って進撃した。蝦夷は軍衆がまだたくさん残っていると思って、しだいに退いた。そこで離散した兵卒は再び集まり、軍隊は整った。蝦夷を攻撃して大勝し、ことごとく捕虜にした。

　『日本書紀』舒明天皇9年（632年）この歳条の大仁上毛野君形名の蝦夷討伐のエピソードは何の意図で挿入されたか理解できませんが、引用文中には上毛野君形名が蝦夷に敗北して砦（城柵）に逃げ込んだと書かれていることから、形名が逃げ込んだ場所は上毛野国の対エミシの城柵と考えられます。なぜなら上毛野君形名はエミシ討伐のために中央から派遣された崇神を始祖とする加羅系渡来集団の土着化した豪族の子孫と推定できるからです。

　ちなみに『日本書紀』神功皇后摂政49年（249年、干支は己巳年）3月条に「荒田別・鹿賀別を将軍に任じた。そうして久氏ら共に軍を整えて海を渡り、卓淳国に至って、新羅を襲おうとした」とありますが、訳者頭注は荒田別について次のように説明しています。

　『姓氏録』河内皇別・止美連条に「尋来津公同祖、豊城入彦命の後

也、4 世の孫荒田別の男」、「広来津公、上毛野朝臣同祖、豊城入彦命の後也……」とある。また応神紀 15 年（327、丁亥年）条に「上毛野の祖荒田別・巫別が百済へ遣わされ、王仁を連れて来た」とある。実在の人物か。

荒田別・鹿賀別を新羅討伐将軍に任じた神功皇后 49 年（249、己巳年）を干支二運 120 年繰り下げると、369 年（干支は己巳年）の仁徳天皇 57 年の年にあたり、百済は斤肖古王（在位 346–375）に当たります。

石上神宮所蔵の七支刀には「泰和 4 年（369）、百済王の太子奇生音は、倭王旨のためにこの刀を献上する」と刻印されています。369 年当時の百済王は近肖古で、世子は近肖古王の次に王となった近仇首（貴須）（在位 375–384）です。

『三国史記』百済本記によれば近肖古王は 371 年に太子貴須とともに高句麗に侵攻し、高句麗王を戦死させます。後、王都を漢山に移して 372 年東晋（317–420）に朝貢しています。『晋書』本紀には「372 年に百済が朝貢したので、東晋は「百済王余句（近肖古王）を鎮東将軍・領楽浪太守とした」と書かれています。また『日本書紀』神功皇后 49 年 3 月条に次のように書かれています。

　　王の肖古と王子の貴須が再び軍を率いてやってきた。その時比利・布弥支など 4 つ邑が自ら降伏した。百済王父子と荒田別・木羅斤質らは共に意流村（京畿道広州）で落ち合った。互いに顔を見合わて喜び合った。

『日本書紀』編纂者は泰和 4 年（369、己巳年）の史実を卑弥呼の時代に見せかけるために干支二運（120 年）繰り上げます。近肖古王（在位 346–375）当時、加羅系倭国の崇神（旨）は高句麗の侵攻を恐れていたので百済と軍事同盟を結んで高句麗に対抗したのでしょう。七支刀は泰和 4 年（369）軍事同盟の締結を記念して倭王旨（崇神、首露）に贈るために百

済の太子貴須が作ったものです。

　また『日本書紀』神功紀摂政52年（252、壬申年）９月条に「百済の使者久氐等、千熊長彦に従い、七枝刀一口・七子鏡一面と種々の重宝を献ず」とありますが、この252年（壬申年）を干支二運（120年）繰り下げると372年（壬申）になるので、372年の倭王旨は崇神であることがわかります。

　『日本書紀』崇神12年（BC86）９月条には崇神天皇が「御肇国天皇」、『古事記』には「初国知らしし御真木天皇」と書かれていることから崇神（旨）は日本国の実際の始祖王とみられます。崇神は380年前後箸墓古墳に埋葬されます。また崇神の長子豊城入彦は上毛野に本拠を置き荒田別ら上毛野・下毛野の始祖となります。

　※ 舒明天皇の九重塔

　10年（638）７月19日大風が吹いて木を倒し、家屋を壊した。９月長雨が降り、桃や李の花が咲いた。10月天皇は有馬温湯宮に行幸した。この年百済・新羅・任那がそろって朝貢した。

　11年（639）正月８日天皇が温湯から帰り、11日に新嘗の儀式を行った〔訳者頭注：恒例では陰暦の11月の中の卯の日に行われる〕。おそらく有馬に行幸したので新嘗を行わなかったからであろう。12日雲がないのに雷が鳴った。22日大風が吹いて雨が降った。25日長い星が西北に見えた。すると僧旻が「彗星である。これが見えると飢饉になる」と言った。

　この年（639）の７月天皇は「今年、大宮と大寺を建造したい。百済川の傍らを宮の場所にしよう」と言った。こうして西の民は宮を造り、東の民は寺を造った。そうして書直県（東漢）を大匠とした。

　９月唐に留学した学問僧恵隠・恵雲が新羅の送使に従って京に入った。11月１日新羅の客を朝廷で饗応し、冠位１級を授けた。12月伊予湯宮（道後温泉）に行幸した。この月に百済川の側に九重搭を建てた。

12年（640）4月天皇は伊予から帰り、厩坂宮（橿原市大軽町）に滞在した。10月11日唐から学問僧清安・学生高向漢人玄理が新羅を経て帰国した。この月天皇は百済宮（北葛城郡広陵町大字百済）に移った。

　13年（641）10月9日天皇は百済宮で亡くなった。18日宮の北に殯す。これを百済の大殯という。この時東宮開別皇子（中大兄皇子）が年齢16歳にして誄を申し述べた。

※ 吉備池廃寺

　1977年（平成9）2月28日の朝日新聞は、発掘調査中の奈良県桜井市の吉備池廃寺から百済大寺の金堂跡とみられる遺跡が発見されたと発表しました。この新聞発表は奈良国立文化財研究所（以下奈文研）と桜井市教育委員会による第89次調査報告書にもとづくものです。

　吉備池廃寺は橿原市との境に近い桜井市吉備にあります。吉備池は今は農業用の溜池ですが、池の西と南側は水田から2mも高い土手に囲まれて東西に長くなっています。奈文研が百済寺の金堂跡と判断する理由は、塔の基壇が巨大で1豪族の氏寺とは考えられないからです。

　奈文研は舒明天皇が百済大寺を建て始めた639年と瓦の年代が一致していることや、百済寺が建築後しばらくして移築されたので瓦の出土量が少ないということから舒明天皇が造った九重塔の百済大寺の可能性が高いと判断しました。

　それでは池の中央南辺に位置する土壇は何を意味しているのでしょうか。この土壇は金堂跡から西55mの地点にありました。南辺の土壇の解明と回廊など建物の確認調査が1998年1月から3月までの主要な目的です。しかしすでに地中レーダー探査で土壇上部は固くしまっている反応が出るので塔基壇の可能性は大です。結果は版築方法による積み上げ式の基壇でした。

　蘇我馬子が造った飛鳥寺の塔の基壇も版築方法（板で枠をつくり、土を盛り、一個ずつ杵などで突き固める方法）によるものです。吉備池廃寺の塔基壇の一辺は30m4方、高さが2.1m以上もあります。しかも基壇の中

央に塔の基礎石となる心礎が抜き取られている穴があったので、そこが塔の礎石があった場所であることが確認されました。そしてさらに塔基壇南方30mの所で回廊と思われる痕跡がみつかりました。東に金堂、西に塔、南に回廊の法隆寺式伽藍配置です。

※ 若草伽藍の軒瓦と同笵

蘇我氏研究者門脇禎二が『明日香風』に書いたエッセイ「吉備池廃寺（百済大寺）像の視覚」によりますと、門脇は猪熊兼勝（当時、奈文研の飛鳥藤原宮跡調査部長）から吉備池廃寺の発掘現場に招かれ、「出土した軒瓦の文様が斑鳩（いかるが）の若草伽藍と同笵で、同型式の山田寺の瓦よりも古い」という説明をうけます。しかしこの時、門脇禎二はなんとなく違和感を覚えます。

門脇禎二は瓦が証明する年代と自分がイメージする当時の文献史学上からの知識とのギャップを感じ取ったのでしょう。正直なところ吉備池廃寺の巨大な土壇を見て説明しきれないものがあったに違いありません。それは場違いというのか、唐突というのか、また発掘現場の寂しさからかもしれません。

説明しきれないということは、蝦夷・入鹿の権勢が絶頂期のころ果たして舒明・皇極がこのような巨大な寺を建てることができるだろうかという想いです。門脇がエッセイの中でそのようなことを直接に言っているわけではありません。しかし『日本書紀』の記述による状況からしても門脇禎二でなくともそう想うのは自然で、かつ合理的です。

筆者（林）が想像するに、乙巳クーデターに遭遇した大王蝦夷が増設中の五重塔を放置したのち、『日本書紀』天武天皇2年（673）12月17日条にある高市大寺（大官大寺、奈良県明日香村小山）の礎石として利用されたにちがいありません。

なぜなら天武＝古人大兄は大王馬子の娘法提郎媛は蝦夷といとこ関係にあり、少なからず蘇我大王家には崇拝の念があったからです。この天武の思いは天武の墓が蝦夷・入鹿の双墓（ならびのはか）を利用して作られたことからも知ることができます。

第3章　蘇我蝦夷は大王だった

1　坂口安吾の夢

※「皇極紀」をタンテイする

　著名な歴史学者・考古学者そして多くの知識人・文人や作家のなかで坂口安吾（1906-1955）だけが蘇我蝦夷が大王であることに気がつき、そのことを堂々と発表しました。

　安吾は天皇記や国記を焼こうとしたのは蝦夷ではなく中大兄皇子や藤原鎌足であることを知っていました。大王である蝦夷が「国の歴史」を好き好んで焼くわけがないことを、この鋭敏にしてタンテイ好きの文人が見逃すはずがありません。『日本書紀』は焼けようとした「国記」を船史恵尺が取り上げて、中大兄皇子に捧げたと書いているが、事実はあべこべでそれを焼いてしまったのは中大兄や藤原鎌足だったと安吾は自信たっぷりです。

　ちなみに船史恵尺については『日本書紀』皇極天皇4年（645）6月13日条に次のように書かれています。

　　　蘇我臣蝦夷らは誅殺にあたって、天皇記・国記・珍宝をすべて焼いた。船史恵尺はとっさに焼かれようとしている国記を取り、中大兄に奉った。この日に蘇我臣蝦夷と鞍作の屍を墓に葬ることを許し、また哭泣も許した。

　　　ここにある人が第1の謡歌を解説して「その歌にいわゆる『遥々に言そ聞ゆる島の藪原』」というのは、宮殿を島大臣の家に建て、そこで中大兄と中臣鎌足連とが、ひそかに大義を謀って入鹿を誅殺しようと

したとの前兆である」と言った。

　第2の謡歌を解説して、「その歌にいわゆる『遠方の浅野の雉（おちかた）響（きぎしとよも）さず我は寝しかど人そ響（とよも）す』というのは、上宮の王（みこ）たちが温順な性格のため、まったく罪のないままに入鹿のために殺された。自ら報いることがなかったが、天が人に誅殺させたことの前兆である」と言った。

　第3の謡歌を解説して、「その歌にいわゆる『小林に我を引き入れて奸（せ）し人の面も知らず家も知らずも』というのは、入鹿臣が突然宮中で、佐伯連子麻呂と葛城稚犬養連網田に斬られたことの前兆である」と言った。

※『上宮聖徳法王帝説』の欠字

　坂口安吾の「飛鳥の幻」は、昭和26年3月から『文藝春秋』に連載された『安吾新日本地理』シリーズ4回目として6月号に発表されました。このなかで安吾は皇極紀の記述が異様にヒステリックで妖しい狂躁にみちているのは、なにか特別に重大な理由がなければありえないと疑います。

　吉野の宿で安吾は夜の12時ごろ目を覚ますと、これから訪ねる甘樫丘や檜隈（ひのくま）や雷ノ丘などがつぎつぎに浮かんで眠れません。午前4時には起きて5時半には宿を出発します。今回の旅は安吾にとってよほど自信のあるものでした。

　蘇我蝦夷と入鹿の滅亡とともに天皇記と国記が消滅した理由ははっきりしている。『日本書紀』全編を通じて、異様にざわめきたっているのは皇極紀であることに気がつけば、『日本書紀』成立の理由がわかると安吾は確信します。

　そのもっとも生々しい理由は蘇我大王の否定と抹殺にあったと安吾は推理します。安吾の推理は安吾自身が卑下しているようなインチキタンテイの下司のカングリの類ではありません。クーデター政権が現政権の優位を系譜的に決定づけるため万世一系の天皇神話を創作しなければならなかったことを、文章をつくることに優れた文人安吾は見抜いていました。

　実は坂口安吾は20歳の時、代沢小学校の教員を辞めて東洋大学印度哲学科の倫理学科に入学しました。安吾は今までの不規則な生活に見切りをつけて、本当に勉強しようと決心したのです。そこで出会ったのが『上宮聖徳法王帝説』です。

　この本は嵯峨天皇の弘仁年間（810-824）以降、醍醐天皇の延喜17年（917）以前に成立したと伝えられている作者未詳の聖徳太子の伝記です。欽明から推古までの在位・崩年・陵墓などに関することがらに詳しく、大学の授業で日本仏教史をやると必ずこの『上宮聖徳法王帝説』を読まされたと、安吾は「飛鳥の幻」で回想しています。

　安吾がタンテイしたのは、『上宮聖徳法王帝説』の□（欠字）のことです。安吾は入鹿の山背大兄皇子殺害事件と入鹿暗殺事件について書かれた記事の「欠字」をタンテイします。「飛鳥天皇御世癸卯年（643）10月14日、蘇我豊浦毛人大臣ノ児、入鹿臣□□林太郎、伊加留加宮ニ於テ山代大兄及其ノ昆弟等合セテ15王子悉ク之ヲ滅ス也」という山背大兄皇子の殺害事件と「□□□天皇御世乙巳（645）年6月11日、近江天皇、林太郎□□ヲ殺シ、明日ヲ以テ其ノ父豊浦大臣子孫皆之ヲ滅ス」という入鹿暗殺の記事です。

※ 知の黄昏時
　安吾は『日本書紀』の物々しい記述の裏に隠されたえたいの知れないウソについて次のように書いています。

　　入鹿・蝦夷が殺される皇極天皇の4年間だけでなく、その前代の欽明天皇の後期ごろから何千語あるのか何万語あるのか知らないが、夥しく言葉を費やして、なんとまア狂躁にみちた言々句々を重ねているのでしょうね。
　　文士の私がとても自分の力では思いつくことができないような、いろんな雑多な転変地異、妖しげな前兆の数々、悪魔的な予言の匂う謡の数々、血の匂いかね。薄笑いの翳かね。すべてそれはヒステリイ的、

テンカン的だね。それらの文字にハッキリ血なまぐさい病気が、発作が、でているようだ。

　なんというめざましい対照だろう。法王帝説の無感情な事実の記述は静かだね。冷たく清潔で美しいや。それが事実というものの本体が放つ光なんだ。書記にはそういう清潔な、本体的な光はないね。なぜこんなに慌しいのだろうね。テンカン的でヒステリイ的なワケはなんだろう。それは事実をマンチャクしているということさ。

　そして安吾はこの欠字になった部分は、天皇の名か、ミササギの場所の名が入るはずだと推理します。『日本書記』皇極2年（643）の10月6日条には「蘇我蝦夷が病気と称して朝堂に姿を見せず、息子の入鹿に紫冠を授けて大臣を名のらせた」とあります。「入鹿臣□□林太郎」という欠字には、おそらく天皇的な、それに類する語、蝦夷の私製の特別な語が入るはずだと安吾は推測します。

　　入鹿と蝦夷の殺害を『上宮聖徳法王帝説』は□□□天皇御世乙巳年（645）6月11日と書いている。書記では皇極4年である。皇極4年であるならば飛鳥天皇か皇極天皇と書くはずだ。飛鳥天皇は2字だが、□□□天皇は3字だ。しかも「近江天皇、林太郎□□ヲ殺シ、明日ヲ以テ其ノ父豊浦大臣子孫等皆之ヲ滅ス」とある。近江天皇とは中大兄皇子のことだが、中大兄皇子はまだ天皇に即位していなかった。「入鹿臣□□林太郎」も「林太郎□□」も、きっと天皇か皇太子、あるいは天皇と皇太子を蘇我流にアレンジした意味の語があったはずだ。

　ともかく、大和を中心とする夥しい古墳群は小心ヨクヨクたる現代人のドキモをぬく充分な巨大きわまるものだね。玄室の石の1ツの大きさだけでも呆気にとられるね。それらの古墳は、それが誰の物で、誰の先祖だか、実はてんで分かるまい。記紀が示した系譜なるものが、実は誰が誰の先祖やら、人のものまでみんな採りいれたり、都合の悪いのを取り去ったりしているに相違ないと思われる。

　八木駅を降りた安吾は、５尺５寸ぐらいの肉づきの美しく、浄瑠璃寺の吉祥天女そっくりの白いうりざね顔のお嬢さんを見ます。そしていたく感動します。安吾は歩きつかれ、考えすぎて、夢うつつになったのでしょう。何時ころだったのか、安吾は記していませんが、とても天気のよい春の夕暮れ時だったのでしょう。それはまさに安吾にとって素晴らしい知の黄昏時にちがいありません。

※ 明日香・飛鳥の語源

　ところで安吾が推理した「□□□天皇」と「入鹿臣□□林太郎」「林太郎□□」の３字と２字の欠字ですが、筆者（林）は２字を「鞍作」、３字は「船首王後墓誌」から「阿須迦」（明日香）と考えます。ちなみに石渡信一郎は「アスカ」の語源については『百済から渡来した応神天皇』で次のように指摘していることから「東加羅」の可能性もあります。

　　地名アスカ・カスガ・イスカはそれぞれアスカラ・カスカラ・イスカラの語尾ラが落ちたもので、アスカラ・カスカラ・イスカラのカラは「加羅」の意と考えられる。加羅系倭国（加羅系崇神王朝）の名は、南加羅のほかに大加羅であったが、大加羅はカカラとも呼ばれていた。カカラの語頭のカは朝鮮語で「大」を意味するクであるが、クは日本語ではカ・キ・ク・ケ・コなどの音に変わっている。

　　そこでスカラを国名とみれば、カスカラの語頭のカもアと交替した。アスカラのアはこれである。イスカラのイもクの音のキがイとなったものである。するとアスカラ・カスカラ・イスカラは、すべて「大きな加羅」という意味になる。ではス加羅のスはなんであろうか。この問題を解く鍵は、アズマ（東・東国・吾妻）にかかる「鶏が鳴く」とアスカ（明日香・飛鳥）にかかる「飛ぶ鳥の」という２つの枕言葉に隠されている。

　　『古代朝鮮語と日本語』の著者金思燁によれば「東・曙・新」の意

味のス（サ・シ・ス・セ・ソのス）が、「わい・徐・斯」などの東方の諸種族の名称に使われ、スがセに変わった形は多数の古地名に使用されており、東扶余という国名の東もスであるという。とするとアスカのスが東を意味するスであり、スのなまったセが「鳥」を意味するセと同音であることから、アスカという国名が朝鮮系古代人に「鳥」を連想させたとみることができる。

アスカのスが「東」を意味するスであれば、アスカの原形のアスカラという国名は、古代朝鮮語では「大きな加羅」・「大東加羅」を意味する。つまりスカラ・ソカラ・サカラは、すべて「東加羅」という意味の国名であり、カスカ・イスカ、アスカと同様、「大東加羅」の意の国名ということになる。

「日本」を「大日本」と呼ぶように、「東加羅」は「大東加羅」と呼ばれていたのである。百済系の応神（倭王武）の勢力が、筑紫の君の磐井や上毛野氏のような旧加羅系渡来集団の勢力を支配下に組み入れ、その支配領域を拡張するにつれて、スカラ・アスカラなどの百済系倭国の国名は、地名となって各地に広がっていったのである。その中のごく一部を次に紹介する。

カシハラ（橿原・柏原）は、カシカラ（＝カスカラ）のカラがハラと訛った地名である。神武が辛酉の年に橿原で即位したという説話は、昆支（応神）が畝傍山の東南の地にあった明宮で、「大東加羅」の大王として即位したことを伝えるものであろう。

アシハラ（葦原）という地名はアシカラ（葦原）のカがハと交替したもので、アスカラと同じ意味である。日本の古い国名として「豊葦原の瑞穂の国」・「葦原の中つ国」（「記紀」の上代紀に記載）などがあるが、この「葦原」もアスカラと同義であり、「大東加羅」を意味する。

ちなみに隅田八幡鏡銘文の「日十大王」の「日十」も古代では早・旱はクサカと読まれていたが、これは、もともとソカラ（東加羅）の語尾のラが落ちたサカ・ソカ・スカの表記であった早・旱が、「大」

の意のクとつけてクサカと読ませているうちに、やがてクサカと読む
ほうがふつうになったものと考えられる。

　そして旱が、日下といつ2つの字に分けられたように、ソカの表
記である旱の字も日十という2つの好い字に分けられたと思われる。
「日十大王」の「日十」は、このソカの表記の日十であろう。した
がって「日十大王」は「ソカ（スカ・サカ）大王」すなわち「東加羅
大王」の意とみていい。

　蘇我氏の始祖王が「東加羅大王」＝昆支（倭王武、応神）であるな
らば、蘇我氏がソカ（ソガ）と呼ばれるのは至極当然のことである。

2　百済系渡来集団の蘇我系と継体系

※蘇我系と継体系の和合統一

　蘇我系と継体系という言葉は欽明天皇（在位531-571）と后石姫、欽明
天皇と妃堅塩媛との百済系渡来集団の姻戚関係に起因します。蘇我系も継
体系のいずれも百済から到来した蓋鹵王の弟昆支王を始祖とすることでは
同じです。

　先述の通り欽明は宣化の娘石姫を后として敏達を生みます。しかし宣化
は父継体が倭の五王「讃・珍・済・興・武」の済の娘目子媛（母は珍の孫）
と結婚して生まれた子です。崇神・垂仁＋倭の五王「讃・珍・済・興・
武」はいわゆる加羅系渡来集団です。

　倭王済を祖父にもつ宣化ですが、母方の目子媛（珍の孫娘大中姫と済の
娘）を通して加羅系の色合いが濃いことがわかります。6頁の「倭の五王
と倭武（昆支）との関係図」をご覧ください。

　日本古代国家の成立の史実を理解するためには、この旧の加羅系渡来集
団と新の百済系渡来集団と、この2つの集団が渡来する前の先住民である
アイヌ系エミシの3つの大きな枠組を考慮に入れなければなりません。

　すると百済系の欽明（昆支晩年の子）がなぜ継体系の石姫を皇后とし昆

支王蘇我系の堅塩媛・小姉君を后・妃として皇位継承争いの種をまくようなことをしたのか、その理由を知ることができます。欽明がワカタケル大王（稲荷山鉄剣銘文）と呼ばれているのは父昆支（百済王蓋鹵王の弟）が応神＝誉田とも倭武と呼ばれていたからです。

　倭武＝ヤマトタケル晩年の子ワカタケル（欽明）は継体天皇が老衰で亡くなる直前か直後に継体の子安閑（兄）と宣化（弟）を殺害し、大王の屯倉を全国各地に造って倭国を統一します。欽明の和風諡号に「天国排開広庭」と付けられているのは何よりの証拠です。

　欽明が宣化の娘石姫を皇后としたのは継体系の諸豪族と和合するためです。また欽明が蘇我氏の豪族の娘堅塩媛と小姉君の姉妹を妃としたのは、そもそも欽明は日十大王（隅田八幡鏡銘文、蘇我系豪族の始祖王）の直系ですから、蘇我系豪族の協力と了解を必要としたからです。

※ 彦人大兄と蘇我馬子の争い

『日本書紀』は安閑・宣化を即位したことにしていますが、2人は欽明に殺害されたのですから即位するはずがありません。和合統一のため欽明は宣化の娘石姫との間に敏達を生み、蘇我系の堅塩媛との間に用明（馬子）を生みます。

　『日本書紀』の記載に従えばたしかに即位順番は敏達→用明（馬子）の順です。安閑・宣化は欽明によるクーデター（辛亥年＝531年の変）で殺害され、即位していません。しかし『日本書紀』は安閑と宣化が即位したことにするために531年の辛亥のクーデターはなかったことにしています。

　敏達と馬子は母が異なる異母兄弟です。本筋からいえば馬子は昆支大王直系の孫ですから有力な皇位継承者です。したがって彦人大兄（敏達と広姫の子。分身物部守屋）と馬子の即位継承は父子相承か兄弟相承かの争いとなります。

　結果は彦人大兄＝物部守屋と蘇我馬子（用明）の仏教戦争（587年）によって彦人大兄＝物部守屋は馬子に殺害されます（直木幸次郎は彦人大兄病死説）。これによって蘇我馬子は仏教王として飛鳥寺（596年）や四天王

寺や斑鳩寺（法隆寺）を建立し、蘇我王朝３代（馬子→蝦夷→入鹿）の始祖王となります。

　馬子（用明）に殺された彦人大兄を父にもつ孤児の田村皇子（舒明）が天皇（大王）に即位できるはずがありません。ましてや皇極も皇后になれるわけがありませんし、斉明天皇（皇極の重祚）の即位もありません。そもそも舒明・皇極に百済大寺のような国家的な大寺を造るような力はなかったのです。

　『日本書紀』は女性天皇皇極を即位したかのように見せるためには、「いなかった」推古天皇と聖徳太子があたかも「いた」かのようにして、かつ押坂彦人大兄の子田村皇子と聖徳太子の子山背大兄の皇位継承の争いがあったかのように書かなければならなかったのです。次節では蘇我蝦夷が大王であったことを明らかにします。

3　大王蝦夷と金光明経最勝王経

※ 国家鎮護の経典

　蘇我蝦夷が大王であったことを語る前に、古代国家形成の根幹をなす「金光明経最勝王経」という古代東アジアに生まれた仏教経典（王権神授説）を説明しておきます。金光明経最勝王経はふつう金光明経（こんこうみょうきょう）とも呼ばれます。

　国王がこの経を受持し、正しく法を行えば四天王がその国を守護します。国王は前世の善行により国王となり、胎内にあっても諸天が加護し、あるいはその前から諸天に守護されて胎内に入ります。人間界にあっても天の加護によって天子と言います。インドにうまれ、五胡十六国時代に布教された東アジアにおける支配者固有の経典です。

　この経は法華経、仁王経（にんのうきょう）とともに国家鎮護の３部経と呼ばれ、また金光明経は諸経の王と言われます。それは最勝かつ深甚な奥義であって、諸仏が住んでいる境界です。これを四方の護世四王衆が守護します。護世四

王衆とは持国天、増長天、広目天、多聞天の四天王のことです。

　金光明最勝王経は 10 巻 31 品で構成されています。唐の義浄三蔵が 703 年サンスクリット語（梵本）から訳出し、古くは北涼の曇無讖が 412 年から 10 年かけて 4 巻 19 品の金光明経を漢訳しました。北涼は五胡十六国の一つで、匈奴の沮渠蒙遜が甘粛北部に建国した国ですが 40 年後の 439 年に北魏に滅ぼされます。

　それから 100 年後の南朝梁の 553 年、真諦三蔵が 7 巻 22 品を訳出します。梁は武帝が 502 年に斉を継いだ南朝の政権で、557 年に陳によって滅ぼされます。さらに北周武帝のときに耶舎崛多が 5 巻 20 品を訳します。北周は北魏が東魏と西魏に分裂したあとの東魏を継いだ北朝の政権ですが、581 年隋に滅ばされます。

　※ 懺悔と慈悲の思想

　隋の開皇 17 年（597）に宝貴が曇無讖や真諦三蔵の訳を補い、合部金光明経 8 巻 24 品を編訳します。その後、義浄の訳が出るまで約 100 年待たなければなりません。義浄は 37 歳の時、海路でインドに渡り、20 年余りインドを歴遊し、695 年に仏典 400 余部をもって洛陽に帰還、華厳経を訳してから、長安で曇無讖などの 56 部 230 巻を漢訳します。79 歳で没し洛陽龍門の北高岡に葬られます。

　西明寺は義浄の業績を記念して建立されました。義浄の翻訳の仕事場であった西明寺には多くの僧侶が参加します。道慈（?–744）や空海もその 1 人です。北涼の曇無讖の訳が出てから 280 年も経過したことになります。義浄訳を金光明最勝王経といい、それ以前の訳を金光明経といいます。

　金光明経の中核の思想は懺悔と慈悲ともいわれ、また護国経典、呪術的経典として大きな役割を果たしています。国分寺の読誦の経典として、放生会、四天王、吉祥天などイデオロギー経典として影響力をもっています。

　東大寺は聖武天皇の鎮護国家祈願の大道場として金光明経の思想にもとづいて建立されます。諸国の国分寺も四天王が国王を助け、一切の災害、疫病を除去するという金光明経最勝王経にもとづくものです。国分寺は金

光四天王護国寺といい、尼寺は法華滅罪之寺といいます。

　金光明経の布教は道慈の力だと言われています。道慈は702年文武天皇の時、遣唐使粟田真人と一緒に唐に渡り、三論・密教を学び、帰国して大安寺の住職になります。また道慈は『日本書紀』編纂事業にも参加します。俗姓額田氏とも呼ばれます。

　悔過の修法は金光明経の懺悔の思想から生まれています。悔過とは犯した罪を告白して懺悔することであり、仏前で罪報を免れることを祈願することですが、個人や国家の災い除去するための本尊に願うことです。薬師悔過、吉祥悔過、阿弥陀悔過などがあります。東大寺の二月堂のお水取りで知られる修二会は十一面観音から十一面悔過と呼ばれ、薬師寺の薬師悔過、法隆寺の吉祥悔過など同じ国家鎮護の法会です。

4　虚構の女性天皇皇極

※百済と高句麗のクーデター

　天皇皇極については『日本書紀』巻第24天豊財日足姫天皇即位前紀に次のように書かれています。

　　　天豊財日足姫天皇は渟中倉太珠敷天皇（敏達）の曾孫で、押坂彦人大兄皇子の孫である。母は吉備姫王という。天皇（皇極）は古の道を尊奉して政治を行った。息長足日広額天皇（舒明）の2年（640）に皇極は皇后となり、舒明は舒明天皇13年（641）10月亡くなったので、元年（642）正月15日天皇に即位した。

　　　蘇我臣蝦夷を大臣とすることは前の通りである。大臣の子入鹿は〔またの名鞍作〕、自ら国の政治を執り、その権勢は父に勝っていた。このため盗賊は怖気恐れて、道に落ちているものも拾わなかった。

　皇極天皇元年（642）正月29日条によれば、百済に派遣した大仁安曇連

比羅夫が「百済国は天皇（舒明）が亡くなったと聞いて弔使を派遣します。私は弔使に随行して一緒に筑紫に到着しました。今、百済はたいそう乱れています」と報告します。

　また続く同年2月2日条によれば安曇連比羅夫・草壁吉士磐金と倭漢書直県を遣わして、国（百済）の状況を尋ねさせます。対して弔使は百済国主から聞いた話として「塞上（豊璋の弟）はいつも悪行を行っている。百済へ帰る使者に付けて帰国させてくださるようにお願いしても天皇はお許しになるまい」と報告します。

　さらに百済の弔使らは次のように報告しました。「去年の11月、大佐平智積が卒去しました。また百済の使者が崑崙の使者を海中に投げ入れました。今年の正月国主の母が薨じました。また弟王子の子翹岐とその同母妹の女子4人、内佐平岐味、高名な人40人余りが島に追放されました」

　同年正月21日天皇は諸々に大夫たちを難波郡に派遣して高麗国が献上した金銀などを調べさせます。高麗の使者たちは「去年の6月弟王子が亡くなりました。9月大臣伊梨柯須弥が大王を殺し、あわせて伊梨渠世斯ら180人余りを殺しました。そうして弟王子の子を王とし、自分の親族都須流金流を大臣としました」と報告します。

　天皇は翌日の正月22日高麗・百済の客を難波郡で饗応します。そして大臣蝦夷に「津守連大海を高麗に使いさせよ。国勝吉士水鶏を百済に使いさせよ。草壁吉士真跡を新羅に使いさせよ。坂本吉士長兄を任那に使いさせよ」と命じます。

※ 義慈王の王子翹岐

　皇極天皇元年（642）2月24日翹岐を阿曇山背連の家に住まわせ、25日高麗・百済の客を饗応します。27日高麗・百済の使者が共に帰国します。同年3月6日新羅は新天皇（皇極）の即位を祝う使者と前天皇（舒明）崩御を弔う使者を派遣し、使者たちは15日帰国します。

　4月8日大使翹岐は従者を引き連れて天皇に拝謁します。10日蘇我大臣は畝傍の家に百済の翹岐を招きます。そうして良馬1匹、鉄の延べがね

20艇を与えます。しかし塞上だけは呼びません。

　同年5月5日天皇は河内国の依網屯倉の前に翹岐らを招待して射猟を見せます。16日百済国調使の船と吉士の船とが共に難波津に停泊しました。18日百済の使者が朝貢し、吉士が復命します。

　22日翹岐の子が死去。翹岐と妻は子が死んだことを忌み恐れて葬儀の喪葬の儀に出ません。百済・新羅の風俗では死者があると父母・兄弟・夫婦・姉妹といえども決して自分では死者をみないという風俗にしたがってのことです。

　同年5月24日翹岐は妻子を連れて百済（河内長野市大井）の大井の家に移り人をやって子を石川に葬らせます。6月16日わずか雨が降った。この月大旱魃となった。7月22日百済の使者大佐平智積らを朝廷で饗応します。そうして健児（力の優れた者）に命じて翹岐の前で相撲をとらせます。

　7月25日群臣が大臣蝦夷に「村々の祝部の教えに従ってあるいは牛馬を殺して諸々の神社の神を祭り、あるいは市を移し、あるいは河の神に祈りましたがまったく効果がありません」と訴えたので、蘇我大臣は「寺々で大乗経典を順に読むがよい。仏の説かれた通りに罪過を悔い、仏を敬って雨を祈願しよう」と答えます。

※ 大臣蝦夷、大雲経を読む

　皇極天皇元年7月27日大寺の南庭で仏と菩薩の像と四天王の像とを安置して多くの僧を招請して大雲経を読ませます。その時蘇我大臣は自分の手で香炉を取り、焼香して発願します。29日雨を乞うことができません。そのため読経は中止になります。

　8月1日天皇（皇極）は南淵の河上（飛鳥川の上流）で、四方を跪拝して天を仰いで祈ります。すると雷がなり大雨が降ってきました〔ある本によると5日間雨が降り九穀が実ったという〕。ここに国中の人民はみな喜んで万歳と称えて「至徳の天皇である」と言った。

　6日百済の使者と参官らが帰国することになった。そこで大船と同船が

与えられます。この日の夜に風が吹き雨がふったので参官らが乗った船が岸に触れて壊れます。15日船を参官らに与えて出発させます。

　9月3日天皇は大臣蝦夷に「私は大寺（百済大寺）を建立しようと思う。近江と越との丁（こし）（よぼろ）を徴発せよ」と命じ、また船を造らせます。19日天皇は大臣に「この月に起工して12月までに宮殿を造ろうと思う。国々に宮殿の用材を伐採させよ」と命じます。21日越の辺りの蝦夷数千人が帰順します。

　10月15日蘇我大臣は蝦夷を家に招き自ら慰問します。この日前天皇（舒明）崩御を弔う新羅の使者の船と新天皇即位を祝う船とが壱岐島に停泊します。12月13日初めて息長足日広額天皇（舒明）の喪葬の礼を行います。

　この日小徳巨勢臣徳太（こせのおみとこだ）が大派皇子（おおまた）（敏達天皇の皇子）に代わって誄（しのびごと）をします。次に小徳粟田臣細目が軽皇子（かる）（孝徳）に代わって誄をします。次に小徳大伴連馬飼が大臣に代わって誄をします。14日息長山田公が日嗣（ひつぎ）のことを申します。21日息長足日広額天皇（舒明）を滑谷岡（なめだにのおか）に葬ります。この日天皇は小墾田宮（おわりだのみや）に移り住みます〔ある本に東宮の南庭の権宮（かりみや）に移った〕。

　※ 大臣蝦夷、八佾舞を催す佾

　この年（642年の皇極天皇元年）、蘇我大臣蝦夷は自分の祖廟（そびょう）を葛城の高宮に立てて八佾（やつら）の舞をし、最後に「大和の忍（おし）の広瀬を渡らんと足結手作り腰作らん」と歌を詠みます。また国中の民あわせて180の部曲（かきべ）を徴発して、あらかじめ双墓（ならびはか）を今木に造り、1つは大陵といって大臣の墓とし、もう1つは小陵といって入鹿臣の墓とします。

　また上宮の乳部（みぶ）の民（皇子女の出産・養育に従事する人）をすべて集めて〔「乳部」はここではミブという〕、墓地の労役に使います。上宮大娘姫王（うえのみやのいらつめひめみこ）（聖徳太子の娘）は憤慨して「蘇我臣は国政をほしいままにして、多くの無礼をはたらいた。天に2つの太陽がないように、国に2人の王はない。どうして勝手にことごとく上宮の部民を使うのか」と嘆き訴えます。

　『日本書紀』は「これより蘇我蝦夷は恨みをかい、蝦夷と入鹿はつい滅

ぼされた」とし、皇極天皇元年（642）の年を終えます。

　※「双墓」と「今木」

　皇極天皇元年条に「あらかじめ双墓を今木に造り……」とある「双墓」と「今木」について『日本書紀』訳者頭注は「大小二つの円墳が連続した瓢箪型（双円墳）を双墓というが、2基の円墳が接近して存する場合をいうこともある。本条は後者であろう。また今木は欽明紀7年7月条の今木郡でなく、現在の吉野郡大淀町大字今木があり、曽我川対岸の御所市大字古瀬の水泥にある南北2つの古墳を本条の双墓とするのが通説である」と解説しています。

　この訳者頭注の説明は「蘇我蝦夷が大王であった」ことの根幹にかかわる問題です。

　「今木の双墓」ですが、日本古代史の解明に大きな働きをした喜田貞吉（1871−1931。歴史学者）以来、曾我川対岸の御所市大字古瀬の水泥塚穴古墳（蝦夷の墓）と近くにある水泥南古墳（入鹿の墓）とするのが有力でした。

　しかし在野の古代史研究者石渡信一郎は「双墓」は奈良県高市郡明日香村の天武天皇と持統天皇の墓、すなわち野口王墓古墳（八角墳）としています。その理由は次の通りです。

　　　大王蝦夷・入鹿の双墓とみられる巨大な墓は野口ノ王墓古墳をのぞいて檜隈はもちろん日本全国どこにも存在しない。野口ノ王墓古墳は大王馬子の墓、石舞台古墳の近くにあり、蘇我大王家の直属の軍団は東漢の本拠地檜隈にある。大王墓の保全の意味から蘇我王朝の大王墓の造営地として最適である。

　　　推古天皇28年（620）10月条に檜隈陵（平田梅山古墳）上に砂礫を葺き、域外に土を積んで山を造り、各氏に命じて大きい柱を立てさせたとある。野口ノ王墓古墳の方壇部のハの字形の切込み遺構は蘇我王朝時代に造られたと考えられる。

天武と持統の野口王墓の墓は蝦夷・入鹿の双墓の上に造営された
と推定できるが、645 年の乙巳のクーデターの頃には方壇部の東北の
1 画に「大陵」と呼ばれた蝦夷の方墳が、西北の 1 画に「小陵」と呼
ばれた太子入鹿の方墳が造営されていたと思われる。

　以上、『日本書紀』が舒明天皇の妻が即位したとしている巻第 24 皇極天
皇即位前紀から元年 12 月までの皇極が即位しなかった状況証拠を追跡し
ました。次節以下は「皇極の即位はなかった」ことを前提に記事を読んで
いくことにします。

第4章　乙巳＝645年のクーデター

1　蘇我蝦夷は紫冠を入鹿に授ける

※飛鳥板蓋宮

　皇極2年（643）正月1日の朝五色の大きな雲が天を覆い、東北東の空は途切れ、青一色の霧が地表にたちこめます。10日は大風が吹き、20日桃の花が咲き、25日霰（あられ）が降って草木の花や葉を傷めます。

　この月は風が吹き、雷が鳴り雹が降ります。国内の巫覡（かんなぎ）らは雑木の小枝を折り取って木綿（ゆう）を掛け垂らして、大臣が橋を渡る時をうかがい、争って神託の微妙な言葉を述べます。巫（かんなぎ）の数ははなはだ多く、すべてを聞き取るこができません。

　3月13日百済の客が宿泊している難波館と民家が火災となります。4月21日筑紫の大宰が急使を送り「百済国主（義慈王）の子翹岐弟王子（ぎょうき）が調使とともにやって来ました」と報告します。

　しかしこの4月21日の記事は前年の皇極元年（642）2月条の記事と重複し、かつ矛盾していますが、『日本書紀』頭注は「2年（643）4月21日条」の記事が正しいとしています。すると皇極天皇元年2月条の翹岐を畝傍の家で接待した大臣蝦夷が良馬を与えたという記事が本当でその他の天皇の関係する記事がすべて大臣蝦夷が関係した事柄と考えた方が合理的です。

　皇極2年3月28日天皇は権宮（かりのみや）から飛鳥板蓋新宮に移ります。訳者頭注はこの記事についても「権宮の表記にこだわると、皇極元年12月21日条の天皇は小墾田宮（おわりだのみや）（推古天皇の皇居）に移られた〔ある本に東の東宮（天智）の南庭の権宮に移られたという〕という"東宮の南宮の権宮"を指すことに

なるが、小墾田宮も権宮的なものとすると、この権宮はいずれとも決められない」としています。また飛鳥板葺新宮については次のように解説しています。

　明日香村岡の集落の北の平地にある立神塚付近が飛鳥板蓋新宮伝承地とされ、1959年以来発掘調査が行われ、現在、3期にわたる建築遺構が検出されている。遺跡の全体はまだ明らかではないが、上層遺構を天武天皇の飛鳥浄御原宮、中層ないし下層を舒明天皇の岡本宮、中層を板葺宮という説もある。「板蓋宮」という名称は従来の草葺・茅葺でなく板で屋根を葺く新様式を採用したことになろう。

　いずれにしても『日本書紀』の訳者頭注は皇極の「飛鳥板蓋新宮」は信用できないとしています。石渡信一郎は『日本地名の語源』（三一書房、1999年）で次のように指摘しています。

　『日本書紀』によれば628年に推古天皇が死んだので629年に田村皇子（舒明）が即位し、641年舒明が死んだので642年后の皇極が即位している。これは馬子（用明）→蝦夷→入鹿と続く蘇我王朝の存在を隠すためである。
　「舒明紀」2年（630）10月条には飛鳥岡の傍に「岡本宮」を建てたとある。しかし舒明の岡本宮は架空のものであるから、実際は大王蝦夷が改築した 橘宮 とみられる。橘宮は「アスカの宮」とも呼ばれていた。
　というのは「船首王後墓誌」（『古代7つ金石文参照』）は、舒明を「阿須迦宮治天下天皇」と書いているが、当時の大王は蝦夷であったから、蝦夷が「阿須迦宮治天下大王」「阿須迦大王」と呼ばれていたと考えられる。アスカ宮＝飛鳥板蓋宮であるからだ。

※ 島皇祖母命＝皇極の母と猿石

6月13日筑紫の大宰が急使をもって「高麗が使者を派遣してきました」と報告します。また「高麗は己亥（639年＝舒明11）以来来朝しなかったが、今年になって来朝しました」と報告します。23日百済の朝貢船が難波津に停泊します。

7月3日数人の大夫を難波郡に派遣し、百済国の調と献上物を点検させます。大夫たちは「進上した国への調は前例よりも少ない。大臣への贈物は、去年差し戻した品目と同じである。群卿らへの贈物もまったく持ってきていない。前例と違っている。この有様は何だ」と詰問します。大使達率自斯・副使恩率軍善の2人は「早急に準備いたします」と応じます。

この月茨田池の水が腐って口が黒く身が白い小さな虫が水面を覆い、8月になると池の水は藍汁のようになりました。死んだ虫が水面を覆い、溝の流れも凝り固まって厚さ、3、4寸ほどになり、大小の魚が夏に爛れ死んだ時のように腐臭を放ちます。

9月6日息長足日広額（舒明天皇）を押坂（忍坂）陵に埋葬します〔筆者注：以前に葬った滑谷岡から桜井市大字忍坂の段ノ塚古墳（八角墳）に改葬する〕。11日吉備島皇祖母命（皇極の母）が亡くなります。19日吉備島祖母を檀弓岡陵〔筆者注：現在欽明陵に指定されている明日香村大字下半田にある平田梅山古墳の西南の小円墳＝猿石〕に葬ります。

※ 童謡

10月6日大臣蝦夷は病気のために参朝しなかったが、ひそかに紫冠を子の入鹿に授けます。『日本書紀』訳者頭注は、「冠位12階に伴う冠ではなく、大臣に伴う冠であろう」としています。しかし蝦夷は大王ですから冠位12階の埒外にあり、この時、蝦夷は入鹿を大王の後継者として指名したのでしょう。

この月の12日大臣入鹿は上の宮の王（聖徳太子の子たち）を亡き者にして、古人大兄を立てて天皇にしようとします。古人大兄の登場は2度目ですが、「舒明紀」即位前紀の「夫人蘇我島大臣の女法提郎媛、古人皇子

を生む」が最初です。

　蘇我氏の系図からもわかるように入鹿と古人大兄と山背大兄（父が聖徳太子、母が刀自古郎女）は従弟同士です。「皇極紀」はこの古人大兄皇子を乙巳のクーデターまで蔭の主役として扱っていますので要注意人物です。例によって次のような童謡が挿入されています。

　　　　岩の上に　小猿米焼く　米だにも　食げて　通らせ　山羊の小父

　この童謡も『日本書紀』の編纂者以外はほとんど意味不明です。童謡に続く割注には「蘇我臣入鹿は、上宮の王たちの威光があるという評判が天下に響いているのを深く憎んで1人分限を超えて奢り立つことを策謀したのである」とあります。

　※ 斑鳩宮の火災
　「上の宮」というのは聖徳太子の子山背大兄らが居住している斑鳩の宮のことです。しかし入鹿が山背大兄らの威光を羨んだとしても大王蝦夷の子太子入鹿が従弟（同族）の古人大兄を王に立てるというのも腑に落ちない話です。
　この年の11月1日蘇我入鹿臣は小徳巨勢徳太臣・大仁土師娑婆連に命じて斑鳩宮にいる山背大兄王たちを襲撃させます。巨勢徳太臣は初出ですが、「皇極紀」4年（645、乙巳年）6月12日のクーデター当日に「中大兄は将軍巨勢徳太臣に君臣の区別を賊党（クーデターに逆らう者）に説明させた」とあり、以後、クーデター派の主要人物として数回登場していますので、もともと境部摩理勢と同じように蝦夷・入鹿と同族です。
　巨勢徳太臣らの襲撃に対して山背大兄の下男三成（他に見えず）と数十人の舎人が防戦します。巨勢徳太臣は仲間の土師娑婆連が矢に当たって死んだのでいったん退却します。その間、山背大兄は馬の骨を寝室に投げ込んで、妃と一族を率いて生駒山に隠れます。三輪文屋君（未詳）、舎人田目連（天武天皇13年12月宿禰賜姓）とその娘、菟田諸石（他にみえず）、伊

勢阿部堅経（他にみえず）が付き従います。

　巨勢徳太臣は山背大兄らが生駒山に隠れたすきに斑鳩宮に火を放ちます。灰のなかに骨を見つけて山背大兄王が死んだと思い、巨勢徳太臣は包囲を解いて退却します。一方の山に隠れた山背大兄王は何も食べることができません。そこで付き人の三輪文屋君が山背大兄に「深草屯倉（東海・東山道に通じる要地）に移動してそこから馬に乗って東国に行き、乳部（皇子女の養育のための部。「壬生部」）を本拠にして戦ったらどうでしょうか」と勧めます。山背大兄は「お前の言うとおりきっと勝つだろう。しかし、身を捨てて国を固めることもまた丈夫ではないか」と応えます。

2　入鹿と謎の皇子古人大兄

※ 架空の大兄山背皇子

　ある人が山中に上の宮の王たちを見つけて蘇我臣入鹿に知らせます。入鹿はそれを聞いて大そう恐れ、急いで軍隊を派遣しようとします。そこで入鹿は王の居場所を臣下の高向国押に「山背王を捕えよ」と命じます。しかし国押が「私は天皇の宮を守っているので外に出るわけにはいきません」と言うので、入鹿は自分で行こうとします。『日本書紀』皇極天皇 2 年（643）11 月 1 日条は次のように伝えています。

　　そこに古人大兄皇子が息を切らして駆けつけてきて「どこへ行く」と尋ねた。入鹿は詳しく事情を説明した。古人皇子は「鼠は穴に隠れて生きるもので、穴を失えば死ぬという」と言った。そこで入鹿は行くのをやめ、軍将たちを遣って生駒山を探させた。結局、山背大兄を見つけることはできなかった。

　『日本書紀』訳者頭注は古人皇子について「舒明天皇の皇子。母は夫人蘇我島大臣の娘法堤郎媛。別名大兄皇子。この 2 つの名を合わせて古人大

兄」と説明しています。そうしてこの古人大兄の「鼠は穴に隠れて……」の言葉を次のように解釈しています。

　　　入鹿の行動を鼠に喩えて、入鹿が自分の本拠を出て山背大兄を討伐
　　に行くというようなことは、鼠が穴にいてこそ安全なのに、穴を出て
　　死ぬのと同じようだ、とその危険なことを戒める。

　しかし古人大兄が言う鼠は入鹿をさしているのでしょうか。"窮鼠猫を噛む"という諺もあります。また入鹿は山背大兄を天皇に推している人物です。古人大兄が入鹿の面前で入鹿を鼠に譬えるようなことを言うでしょうか。

　山背大兄は徳太臣の兵に追い詰められすでに"袋の鼠"です。鼠は山背大兄をさしているのではないでしょうか。山背大兄は『日本書紀』が作った架空の人物ですから生かすも殺すも自由です。

　ちなみに『日本書紀』は「上宮」を山背大兄が住む斑鳩宮としていますが、上宮は大王馬子が居住する島宮（橘の宮）のことです。大王馬子が桃原墓（石舞台古墳）近くの島宮で亡くなったことが当時広く知られていたので、聖徳太子（馬子の分身）が上宮で亡くなったことにすると、聖徳太子が大王馬子の分身・虚像であることがわかってしまうので聖徳太子を斑鳩宮（法隆寺）で亡くなったことにしたのです。そもそも架空の聖徳太子の子山背大兄皇子が斑鳩宮に居住したとする話は虚構の類です。

※ 斑鳩寺の火災

　『日本書紀』にしたがって先に進みます。かくして山背大兄王たちは山から斑鳩寺に戻ります。『日本書紀』訳者頭注は「本条の斑鳩寺は天智9年（670）4月に火災にあう前の創建当初の法隆寺であるが、この時の騒乱で焼けたとする説もある」と解説しています。しかし入鹿による山背大兄襲撃はフィクションですから、この法隆寺焼失説は間違いです（拙著『法隆寺の正体』参照）。

　ついに入鹿の軍兵が寺を囲みます。ここに山背大兄王は三輪文屋君に「私が兵を起こせば勝つことは必定である。しかし人民を殺傷したくないのだ。したがって我が身ひとつを入鹿に与えよう」と言い、ついに一族・妃妾と一緒に首をくくって死にます。この時、五色の幡蓋（天蓋）が種々の伎楽を伴って、空に照り輝いて寺に垂れ下がります。衆人は仰ぎ見て称嘆し、入鹿にこれを指し示します。

　『日本書紀』はこの状況を知らされた蘇我大臣蝦夷は山背大兄王たちがすべて入鹿に殺されたと聞いて、「ああ、入鹿は実に愚かで、横暴な悪事ばかり行ったものだ。お前の命も危ないのではないかと言って怒り罵った」と書き、次のような童謡を載せています。

　　　時の人は前の童謡の答えを解説して、「『岩の上に』は上宮を譬えている。『小猿』は林臣を譬えている〔林臣は入鹿である〕。『米焼く』は上宮を焼くことを譬えている。『米だにも　食げて通らせ　山羊の小父』は山背大兄の頭髪がまだらで乱れており、山羊に似ているので譬えたのだ」と言った。また「山背王が宮を捨てて深山に隠れたことの前兆である」と言った。

　入鹿を含めて蘇我氏を林臣としているのは『日本書紀』の全巻を通して後にも先にもこの箇所と「天武紀」13年（685）11月の大三輪氏など52氏に朝臣姓が与えられる記事に「林臣」が入っているだけです。

　『日本書紀』の訳者注釈によると『姓氏録』左京皇別に林朝臣を石川朝臣同祖、武内宿禰の後としています。たしかに武内宿禰は蘇我氏の祖倭王武（昆支王）の分身・虚像と言われる伝説の人物です。入鹿が林臣と呼ばれていることから、「林氏」と「蘇我氏」の関係は濃密です。

　四天王寺所蔵の太刀（国宝）に刻まれている「丙子椒林」の四文字は当時大王だった馬子と太子蝦夷を示しています。干支は丙子の年（616）馬子の病気平癒のため1000人が出家しています。この人数は馬子が大王でなければあり得ない人数の出家です（『蘇我王朝の正体』参照）。

3 藤原鎌足の構想と計略

※ 軽皇子に接近する中臣鎌子

『日本書紀』皇極天皇3年（643）正月1日条によれば、中臣鎌子（鎌足）は神祇伯に任じられますが、鎌子は再三固辞した上、病気と称して三島（大阪府高槻・茨木・摂津一帯）に籠ってしまいます。この時軽皇子（孝徳、皇極の実弟）は足を患って参朝しませんでした。鎌子は以前から軽皇子と親交があったので宿直するため訪れます。

軽皇子は鎌子が心ばえが優れており、立ち居振る舞いの犯しがたいことをよく知っていたので、寵妃阿倍氏（阿部倉梯麻呂大臣の娘）に別殿を払い清めさせて新しい敷物を高く重ねて座席を設け、飲食物を十分に給仕させ、鎌子に特別なもてなしをしました。

問題の「寵妃阿倍氏」について訳者頭注は「孝徳紀・大化元年7月条に"阿倍倉梯麻呂大臣の女小足姫という"とあるが、この人か。『家伝』上によれば軽皇子は寵妃を鎌子の側室として世話をさせたように思われる」と解説しています。訳者頭注の言う『家伝』とは『藤氏家伝』と呼ばれる藤原氏の歴史であり、藤原仲麻呂（藤原武智麻呂の子、藤原不比等の孫）によって天平宝字4年に成立しています。

中臣鎌子連は軽皇子の待遇に「このように特別な恩沢を受けるとは、以前からの望みに過ぎたものである。皇子が天下の主となられるのに誰が逆らえようか」と感激します。すると孝徳の舎人は鎌子の言ったことを軽皇子に伝えます。この時の様子を『日本書紀』は次のように描写しています。

> 中臣鎌子連は真心のある正しい人で、乱れを正し救済しようとする心があった。そのために蘇我臣入鹿が君臣長幼の序（孟子による儒教の5つの道徳法則）を破り、国家を我がものにする野望を抱いていることに憤って、王の一族の人々と接しては次々に試し、成功できそう

な明哲の主を求めた。そして中大兄に心を寄せたが、親しくないためにまだその深い思いを伝えることができないでいた。

　たまたま中大兄が法興寺（飛鳥寺）の槻の木の下で打毬を行った時、その仲間に加わり、中大兄の沓が毬に従って脱げ落ちるのをうかがって、それを掌中に取り持ち、前に進んで膝まづき、謹んで差し上げた。中大兄はそれに向き合い恭しく受け取った。

　この時から互いに親密になり、思うところを述べ、隠し隔てはまったくなかった。また頻繁に接するのを他人が疑いはしないかと恐れて、2 人とも手に書籍を持って、自ら周公・孔子の教え（儒教）を南淵先生のもとで学んだ。そうして往還の途中に路上で肩を並べてひそかに計画し、ことごとく考えが一致した。

　そこで中臣鎌子連は「大事を謀るのに助けがあるほうがよい。どうか蘇我倉山田石川麻呂の長女を召し入れて妃とし、姻戚関係を結んでください。その後に事情を説明して共に事を計りましょう。成功するにはこれが 1 番近道です」と中大兄を説得します。中大兄も大いに喜び、この提案を受け入れます。

　中臣鎌子連はすぐに自ら仲人となって婚約を取り決めます。ところが長女が約束の夜に一族の者に連れ去られます〔一族の者とは身狭臣（日向）をいう〕。蘇我倉山田石川麻呂は途方にくれましたが、次女の遠智娘（持統天皇の母）が「どうぞ心配はなさらないでください。私を進上しても遅くはないでしょう」と応えます。そして中臣鎌子は蘇我石川麻呂の護衛として佐伯連子麻呂・葛城稚犬養連網田（2 人とも乙巳のクーデターで蘇我入鹿を暗殺）をつけます。

　皇極 3 年（644）6 月 6 日剣池（孝元天皇陵の石川の池。橿原市）の蓮の中に 1 本の茎に 2 つの萼のある蓮がありました。豊浦大臣蝦夷は勝手に「これは蘇我臣の将来の瑞兆である」と言って金泥で記して大法興寺（飛鳥寺）の丈六の仏を献じました。

4 捏造された入鹿暗殺の場面

※ 入鹿暗殺の場面

　クーデターの4日前の皇極4年（645）6月8日、中大兄はひそかに倉山田石川麻呂（蘇我馬子の孫、父は蘇我倉麻呂）を招き「3韓が調を進上する日に、かならずお前にその上表文を読んでもらうつもりだ」と入鹿暗殺の謀略を告げます。

　『日本書紀』はクーデター当日（6月12日）、高句麗・百済・新羅の調使があたかもそろって献上したかのように記述していますが、大王入鹿が会おうとしたのは義慈王（在位641-661）が派遣した百済の使者です。なぜなら義慈王は唐軍の高句麗侵略を入鹿に知らせ、倭国に新羅を攻撃すべく援軍を要請する必要に迫られていたからです。

　さて皇極4年（645）6月12日の入鹿斬殺の場面は次の通りです。

　　　天皇（皇極）は大極殿に現れ、古人大兄が傍らに控えた。中臣鎌子連は蘇我入鹿臣が疑い深い性格で昼夜に剣を携えていることを知って、俳優を使って騙してその剣をはずさせようとした。入鹿は笑って剣をはずして入り、座についた。倉山田麻呂臣が玉座（天皇が座するところ）の前に進み出て3韓の上表文を読み上げた。

　しかし天皇（皇極）・古人大兄（舒明と蘇我馬子娘法堤郎媛の子）・入鹿・中臣鎌子・倉山田石川麻呂（蘇我倉麻呂の子、馬子の孫）・俳優、そして暗殺者、3韓の使者たちの位置関係がきわめて不明確です。いったい、いつどこで鎌足が俳優に入鹿の剣を外すように指示したのでしょうか。しかも肝心かなめの中大兄皇子（舒明と皇極の長子）の影も姿も見えません。

　　　その時、中大兄は衛門府に命じて1斉に12の通門をすべて封鎖し、衛門府（番兵）を1ヵ所に召集し禄を与えるふりをした。そうして中

大兄は自ら長槍をもって大極殿の傍らに隠れた。中臣鎌子連たちは弓矢を持って中大兄を守護した。

倉山田石川麻呂は上表文を読み上げ終わろうとするのに、子麻呂がこないので不安になり、全身汗みずくになって声を乱し、手を震わせた。鞍作臣（入鹿）は不審に思って、「どうして震えているのか」と尋ねた。倉山田麻呂は「天皇のお側に近いことを恐れ多く、不覚にも汗が流れたのです」と答えた。

中大兄は子麻呂が入鹿の威勢に萎縮して、遠慮して進まないのを見て「やぁ」と叱咤して子麻呂らと共に入鹿の不意をついて、剣で入鹿の頭と肩を切り裂いた。入鹿は驚いて立ち上がった。子麻呂は剣を振り回して入鹿の足を斬った。

入鹿は転がりながら玉座にたどりつき、叩頭（ひざまづいて両手をつくこと）して「皇位に坐すべきは天の御子です。何の罪がありましょうか。どうかお調べ下さい」と言った。

天皇は「なぜこんなことをするのか」と言った。中大兄は「鞍作は天皇家をことごとく滅ぼして皇位を傾けようとした。どうして鞍作に代えられましょうか」と答えた。天皇はそのまま殿中に入った。佐伯連子麻呂と葛城稚犬養連網田は入鹿臣を切り殺した。この日、雨が降り、溢れた水で庭が水浸しになった。敷物や屏風で鞍作の屍を覆った。古人大兄はこれを見て私邸に走って入り、人に語って「韓人が鞍作臣を殺した〔韓の政事によって誅殺されたことをいう〕。私は心が痛む」と語った。そうして寝室に入って、門を閉ざして出てこなかった。

※ 古人大兄の謎の言葉

皇極天皇の嫡子にして皇太子の中大兄（天智）が外交上重要な3韓（高句麗・百済・新羅）の儀式に列席していないのは奇妙です。「中大兄は自ら長槍をもって大極殿の傍らに隠れた」とあるので、中大兄が倉山田石川麻呂の上表文を読む場にいなかったことは明らかです。

この3韓の儀式がもし本当であったとしても、倉山田石河麻呂が上表文

を読む場にいた可能性が高いのは倉山田石川麻呂と入鹿と古人大兄だけです。首謀者の1人中臣鎌子（鎌足）は中大兄を守護するために大極殿の傍らに隠れていたからです。そもそもこの3韓の儀式は「なかった」と考えるのが合理的です。

　古人大兄が入鹿殺害を目の前で見て発した言葉 "韓人" について、『日本書紀』訳者頭注は「諸説はあるが、古人大兄が中大兄のことを "韓人" と間接的に表現したとみたい。この分注は『日本書紀』編者の一つの考え方を示している。古人大兄の考え通りか否かはわからないが、韓の政事に因りて殺された」と説明しています。

　石渡信一郎はこの『日本書紀』編纂者の分注について「入鹿は百済の政治が原因で殺された」と解釈し、当時の国際情勢を考えると "韓政" すなわち百済の政治は、新羅と和睦を要求する唐の太宗の命令を無視して新羅を攻撃するという、百済の義慈王がとった強硬策を意味しているものとみていい」としています。そして次のように分析しています。

　　大王入鹿の親百済政策は父蝦夷から受け継いだものであるが、対唐対策についてみると、倭国の対唐政策は唐の高表仁の帰国以後、唐を無視する路線に変わっている。犬上三田鍬らの第1次遣唐使以後、大王蝦夷・入鹿の時代には倭国は唐に使者を派遣していない。

　　朝鮮3国がこの時期、唐にたびたび朝貢していることを考えると、大王蝦夷は高表仁の帰国以後、唐に対する態度を硬化させ、唐に朝貢することをやめたとみていい。そして大王蝦夷は泉蓋蘇文が実権を握っていた高句麗とも手を結んでいたと考えられる。

※飛鳥寺の近くのケヤキ林で……
　ところで中大兄は法興寺（飛鳥寺）に入って砦とし、戦闘の準備に入ります。そして人を遣わして鞍作臣の 屍 を大臣蝦夷のところに引き渡します。入鹿の首塚は甘樫丘の東、飛鳥寺西門跡にポッツリ立っている高さ1mほどの五輪塔ですが、飛鳥寺の大仏（鞍作鳥作の釈迦三尊像が本尊）と

同様、今でも多くの観光客を集めています。

　入鹿は飛鳥寺の境内かあるいは飛鳥川右岸の飛鳥寺の近くに繁茂しているケヤキの下で暗殺されたのではないかと考えられます。入鹿が殺害されたことを知った漢直らは眷属（一族）を全員集めて大臣蝦夷を助けようとしますが、中大兄は巨勢徳陀臣に漢直を説得させます。徳陀臣は兵を起こすことがいかに無益であるか漢直に説いたので、漢直はついに軍を解散させます。

　この巨勢徳陀臣は舒明天皇が亡くなった時の大派王に代わって誅をした人物ですが、入鹿の命令で山背大兄の斑鳩の宮に火を放った蘇我氏一族の長です。おそらく倉山田石川麻呂と同じように中大兄・鎌足らクーデター派に寝返ったのでしょう。

　※３首の謡歌

　入鹿が殺害殺された翌日、蘇我臣蝦夷らは誅殺されるにあたって天皇記・国記・珍宝のすべて焼却しようとします。しかし船史恵尺（道昭の父）はとっさに焼かれようとしている国記を取り、中大兄に差し出します。この日蘇我臣蝦夷と鞍作の屍を墓に葬ることを許し、哭泣することを許します。

　　ここにある人が第１の謡歌を解説して「その歌にいわゆる『遥々に言そ聞ゆる島の藪原』というのは、宮殿を島大臣の家に建て、そこで中大兄と中臣鎌足連とが、ひそかに大義を謀って入鹿を誅殺しようとしたことの前兆である」と言った。

　　第２の謡歌を解説して、「その歌にいわゆる『遠方の浅野の雉響ず我は寝しかど人そ響す』というのは、上宮の王たちが温順な性格のため、まったく罪のないままに、入鹿のために殺された。自ら報いることがなかったが、天が人に誅殺させたことの前兆である」と言った。

　　第３の謡歌を解説して、「その歌にいわゆる『小林に我を引き入れて奸し人の面も知らず家も知らずも』というのは、入鹿臣が突然宮中

で、佐伯連子麻呂と葛城稚犬養連網田のために斬られたことの前兆である」と言った。

　第1の謡歌「遥々に言そ聞ゆる島の藪原」について『日本書紀』訳者頭注には「中大兄と鎌子は入鹿討伐の計画を南淵先生の許へ周孔（孔子の儒教）を学びに行く路上で相談するほど用心しているのであるから、中大兄が宮殿を島大臣（蘇我馬子）の家に接して作り、入鹿誅殺の謀が聞こえてくるという。しかも“遥々に”という。この説きあかしは矛盾が多い。“島の藪原”を島大臣と結びつけた牽強付会による説明である」と書かれています。

※ 孤児同様の中大兄
　『日本書紀』の記述が矛盾に満ちているのはいまさら驚くほどのことではありません。そもそも中大兄が大王蘇我馬子に接して宮殿を造るはずはありません。大王馬子の宮殿に接して中大兄が家（自宅）を造ったのであれば筋は通ります。

　中大兄の父田村皇子（舒明の父）は仏教戦争で馬子に殺害された彦人大兄の子です。言ってみれば孤児同様の中大兄は、宮殿はおろか家さえ造ることが困難であったと考えられます。青年期の中大兄は娘法提郎女（馬子の娘、古人大兄＝大海人の母）を後見人とする官人として蘇我大王家の宮殿近くの宿舎に住んでいたと想像できます。

　中大兄は「舒明紀」2年条に「葛城皇子」と書かれています。おそらく幼少期は葛城皇子と呼ばれたからでしょう。しかし何故「葛城」でしょうか。実は別人に葛城皇子がいます。欽明2年3月条に次のように書かれています。

　　欽明天皇の妃で堅塩媛の同母弟小姉君（馬子の妹）は4男1女を生む。その1を茨城皇子という、その2を葛城皇子という、その3を埿部穴穂部皇女という、その4を埿部穴穂部皇子という、その5を泊

瀬部皇子という。

　中大兄＝葛城皇子が前記引用の蘇我馬子とその兄弟姉妹の小姉君ら蘇我一族と縁もゆかりもないことは明らかです。中大兄＝葛城皇子が欽明と小姉君の子葛城皇子と別人あることは確かです。

　しかし推古32年（623）10月条によれば大臣馬子は阿曇連と阿部臣摩侶とを遣わして「葛城県はもともと私の生まれた土地です。それゆえ、その県にちなんで姓名を付けています。永久に県を授かって私の封県としたい」と推古天皇に申しでます。

　天皇推古はこの馬子の要請を拒否しますが、推古自身が自分は蘇我氏の出自であると明言しているように、「葛城」は蘇我氏の本貫地（氏族集団の発祥の地）です。であれば蘇我馬子に殺害されて孤児となった彦人大兄の子田村皇子（舒明）を父に持つ天智＝葛城皇子は蘇我馬子の娘法提郎女（古人大兄の母、天智にとって義母）の世話で葛城の地で幼少期を過ごしたか、あるいは一時葛城氏（蘇我系豪族）の養子になった可能性があります。

第5章　孝徳天皇の即位と退位

1　創作された古人大兄の謀反

※ 孝徳の棚ぼた即位

『日本書紀』巻第25孝徳天皇即位前紀は天万豊日天皇（孝徳）の即位の
模様を次のように伝えています。

> 天万豊日天皇は天豊財重日足姫天皇（皇極）の同母弟である。仏法
> を尊び、神道を軽んじた〔生国魂神社の樹木を伐ったのはこれである〕。
> 人となりは素直で思いやりがあり、学者を好み、貴賤を問わずしきり
> に恩勅を下した。
> 　蘇我入鹿の首が斬られた2日後の天豊財重日足姫天皇（皇極）4年
> （645）6月14日、天皇（皇極）が中大兄（天智）に皇位を譲るべき旨
> を伝えたので中大兄は中臣鎌足にそのことを相談した。
> 　すると鎌足は中大兄に「古人大兄は殿下（中大兄）の兄君です。軽
> 皇子（孝徳）は殿下の叔父君です。今、古人大兄がいらっしゃるのに、
> 殿下が天皇の位につかれたら弟として謙遜の心に反するでしょう。し
> ばらくは叔父君（軽皇子）を立てて人民の望みにお応えするのがよい
> のではありませんか」と忠告した。するとすぐ中大兄は鎌足の考えを
> 母皇極に伝えた。そこで皇極は弟の軽皇子（孝徳）に皇位を譲ること
> にした。
> 　しかし軽皇子は「古人大兄命は先の天皇（舒明）の子です。年長で
> もあります。この2つの理由から天位につかれるのにふさわしいと存
> じます」と言って、古人大兄に譲ろうとした。

すると古人大兄は拱手（両手を胸の前で合わせて行う敬礼）して「どうしてわざわざ私にゆずることがありましょうか。私は出家して吉野に入り、仏道修行を志し天皇をお助けしたいと思います」と言って、佩刀を解いて地に投げ出し舎人全員の刀を解かせた。

　それから古人大兄は自ら法興寺（飛鳥寺）の仏殿と塔との間に詣で、髪と髯を剃り、袈裟を着た。ついに軽皇子（孝徳天皇）は固辞することができずに即位することになった。

　この時、大伴長徳連は金の靫を負って壇の上に立った。百官の臣・連・国造・伴造・百八十部は列を作って巡り拝んだ。

　この日（645年6月14日）、号を豊財天皇（皇極）に奉って皇祖母尊と申し上げ、中大兄を皇太子とした。阿倍内麻呂臣を左大臣とし、蘇我倉山田石川麻呂を右大臣とした。大錦冠を以って中臣鎌子連を内臣とし、封を若干増やした。僧旻法師・高向玄理を国博士とした。6月15日黄金作りの策書（黄金作りの札）を阿倍倉梯麻呂大臣と蘇我倉山田石川麻呂に下された。

　同年6月19日天皇・皇祖母尊・皇太子は大槻の木の下で群臣を招集して盟約を結ばせた〔天神地祇に告げて「天は覆い、地は載せる。帝道はただ一つである。しかしながら末代には人情が薄れて、君臣は秩序を失った。天は我の手を借りて、暴虐の徒を忠滅した。今ここに誠心をもって共に盟う。今後君は二政を行わず、臣は朝廷に二心をもたない。もしこの盟約に背けば天災地変が起こり、鬼神や人が誅殺する。これは日月のごとく明白である」と申しあげた〕。天豊財重日足姫天皇4年を改めて大化元年（645）とした。

　大化元年7月2日息長足日広額天皇（舒明）の娘間人皇女（中大兄の妹・大海人の姉）を后とし、2人の妃を立てた。元の妃は阿倍倉梯麻呂の娘で小足媛といい、有馬皇子を生んだ。次の妃は蘇我倉山田石川麻呂の娘で乳姫という。

※虚構の古人大兄の謀反

　ところが孝徳天皇の即位から3ヵ月も経たない孝徳天皇大化元年（645）9月3日驚くべき事件が起こります。

　　　古人皇子が蘇我田口臣川堀・物部朴井連椎子・吉備笠臣垂・
　倭　漢　文　直麻呂・朴市秦　造　田来津と謀反を起こした〔ある本に古
　人太子という。またある本に古人大兄という。この皇子は吉野山に入った
　ので、あるいは吉野太子という。「垂」はここではシダルという〕。
　　12日に吉備笠臣垂は「吉野の古人皇子は蘇我田口川堀らと謀反を
　企てております。私もその仲間に加わりました」と中大兄に自首しま
　す〔ある本に吉備笠臣垂は安倍大臣と蘇我大臣とに「私は吉野皇子の謀反
　に加わりました。それゆえ今自首しました」と申し上げたという〕。
　　中大兄は莵田朴室古・高麗宮知に命じて、若干の兵士を率いて古
　人大市〔訳者頭注：古人大兄の養育氏族名であろう〕の皇子らを討たせ
　た〔ある本に阿倍渠曾倍臣・佐伯部子麻呂の2人に命じて、兵士30人を
　率いて古人大兄を攻め、古人大兄と子を斬らせた。その妃妾らは首をく
　くって死んだという。ある本に11月に吉野大兄王が謀反を企て、事が発
　覚して誅殺されたという〕。

　しかしその後、古人大兄の謀反に加わった蘇我田口臣川堀・物部朴井連椎子・吉備笠臣垂・倭漢文直麻呂・朴市秦造田来津らが処罰されたという記事は見当たりません。さらに奇妙なのは事件から8年後の653年（孝徳天皇白雉5）、謀反に加わった倭漢文直麻呂が高向玄理とともに遣唐使の一員として唐に派遣されていることです。
　しかも派遣時の判官大乙上書直麻呂の地位は19階制の第15です〔筆者注：大乙上は649年から685年まで日本で用いられた冠位です〕。また判官は令制4等官制（長官・次官・判官・主典）の第3位にあり、倭漢文直麻呂の職種は「書」とあることから文書・記録・通訳等にかかわる仕事と考えられます。

また662年（天智元）には朴市秦造田来津は百済救援軍の指揮官として登場し、翌663年（天智2）に白村江で戦死しています。物部朴井連椎子も658年（斉明4）11月、王子有間（孝徳の子）たちを捕らえた物部朴井連鮪と同一人物です。

　古人大兄の謀反に加わった4人のうち、3人が事件後の天智政権で重用されていることから、吉野に隠退した古人大兄が謀反を起し殺害されたとする孝徳天皇大化元年（645）9月の記事は『日本書紀』による創作と考えられます。であれば古人大兄はクーデター後即位を辞退したが吉野に隠退することはなく、孝徳天皇（在位645–654）のもとで太子の地位にいたと考えるのが自然です。

　馬子の娘法提郎媛と舒明との子古人大兄は継体系大王家（継体→敏達→彦人大兄→舒明）におけるれっきとした皇位継承者の1人です。『日本書紀』は孝徳時代の太子を中大兄（天智）としていますが、年長の古人大兄より先に中大兄は太子になるつもりはなかったはずです。

　というのは668年（天智7月）に天智は古人大兄の娘倭姫を大后としますが、大后は大王の娘もしくは有力な王子の娘から選ばれるのが普通です。大王天智が背後に何の勢力ももたない古人大兄の娘倭姫を大后にするわけがありません。古人大兄はクーデター前は天智に次ぐ地位すなわち太子の地位にあったと考えられます。

2　悲劇の蘇我倉山田麻呂

※ 蘇我倉山田麻呂の系譜

　孝徳天皇大化5年（649）3月24日のことです。蘇我臣向日は皇太子（中大兄、のちの天智天皇）に「異母兄の麻呂（蘇我倉山田石川麻呂）は、皇太子（中大兄）が海岸で遊んでいるところをうかがって殺害しようと企んでいます。遠からず謀反を起こすでしょう」と讒言します。

　天皇孝徳は大伴狛連・三国麻呂公・穂積噛臣を蘇我倉山田麻呂の家に派

遣し、謀反の事実を尋問させます。「質問の件は私が天皇に直接会って説明します」と蘇我倉山田麻呂。しかし天皇はふたたび三国麻呂公と穂積噛臣を派遣し謀反の実情を調べさせます。倉山田麻呂は先と同じ返答をします。

　すると天皇は大臣の邸宅を包囲させるため軍兵を派遣します。大臣は法師と赤猪（2人とも未詳）を連れて茅渟道（桜井市から山田集落を経て明日香村に通じる山田道）から倭国に向かいます。大臣の長子興志が以前から倭におり〔山田の家にいたことをいう〕、そこで寺を造営していました。

　『日本書紀』の訳者頭注は「山田寺」について「蘇我倉山田氏の氏寺。講堂・金堂・塔の遺構が残り、発掘調査により四天王寺式の伽藍配置であることが判明」と解説し、この冤罪事件の発端を次のように解説しています。

　　　蘇我倉山田麻呂大臣は、天皇のため造営した山田寺で日向（身刺）の讒言による無実の罪で自経（自殺）した。おそらく大化の新政を進める上で邪魔であると考えた中大兄（背後に中臣鎌子）が仕組んだ陰謀の犠牲者とみることができる。だが、大臣はそれを知りつつ忠誠一途に生命を絶った。これは大臣の2人の娘、及びその子（持統と元明天皇姉妹）によって美化された結果という見方もできる。

　蘇我倉山田麻呂の系譜をみると、中大兄皇子の妃となった山田麻呂の娘遠智娘は大田皇女（伊勢斎宮となった大来皇女、大津皇子の母）・鸕野讃良皇女（後の持統天皇）・建皇子（夭折）、またもう1人の娘・姪娘は御名部皇女（高市皇子妃。長屋王の母）と阿閇皇女（後の元明天皇。草壁皇子妃）を産んでいます。

　天武天皇の后となった持統は草壁皇子を生み、草壁皇子は阿閇皇女を妃とし軽皇子（後の文武天皇）を生みます。『日本書紀』は天武天皇によって企画され、『古事記』は藤原不比等を後見人とした元明天皇によって刊行されます。蘇我倉山田麻呂の悲劇が美化されたという『日本書紀』訳者頭

注の指摘は当然と言えば当然の指摘と言えるでしょう。

　※慄然たる冤罪事件

　では蘇我倉山田麻呂の悲劇が一族にとってどのようなものであったのか、以下『日本書紀』の記述に沿って先に進みます。父（山田麻呂）が逃げてくることを聞いた長子興志（おこし）は「自ら進軍して追ってくる軍勢を迎え撃ちたい」と言いますが、父は許可しません。「お前は自分の身が惜しいか」と父。「惜しくはありません」と興志。

　山田麻呂は寺の僧衆と興志と数十人に向かって「この伽藍はもともと私自身のためではない。天皇のために請願して造ったものである。いま私は身刺に讒言されて不当に誅殺されようとしている。寺に来た理由は終焉の時を安らかに迎えたいからである」と誓い、自ら首をくくります。

　この日、大伴狛連と蘇我日向臣を軍将として大臣を追って黒山（大阪府南河内郡美原町）まで来たとき土師連身（はじのむらじむ）・采女臣使主麻呂が山田寺から馳せ来て、「蘇我大臣はすでに3男1女とともに自ら首をくくって死にました」と報告します。そこで将軍らは丹比坂（たじひさか）（美原町平尾から富田林市喜志の間の丘陵を越える道）を引き返します。

　3月26日山田大臣の妻子及び従者に首をくくって死んだ者が多く出ます。穂積臣噛は大臣の党類の田口臣筑紫らを捕まえて首枷を付け後ろ手に縛ります。この日の夕べ木臣麻呂・蘇我臣日向・穂積臣噛は、寺を軍衆で囲み、物部二田造塩（もののべのふつたのやつこしお）に大臣の首を斬らせます。二田塩は山田麻呂の首を太刀に刺し、雄たけびの声を上げます。

　3月30日蘇我山田臣に連座して殺された者は田口臣筑紫・耳梨道徳・高田醜男・額田部湯坐連（ゆえ）・秦吾寺ら合計14人、絞刑に処せられた者9人、流刑15人です。この月山田大臣の資財が没収されます。資財のなかには「皇太子の書」と記された書がみつかりました。

　『日本書紀』は「この書によって大臣の心が清く正しかったことが証明された」「皇太子（中大兄）はこのこと知り、後悔し恥じ入った。そして日向臣を筑紫大宰帥に左遷した。世の人はこれは隠流（しのびなが）しかと言った」と、

あっさりと書いています。

　皇太子の妃蘇我造媛（山田麻呂の長女）は、父が二田塩に斬られたと聞いて悲しみ嘆きます。そうして塩の名を耳にするものを嫌いました。このため造媛に近侍する者は塩の名を口にするのを忌み、呼称を改め堅塩とします。造媛は心痛のあまり、ついに死にいたります。

　皇太子は造媛が亡くなったことを知ってひどく嘆き悲しみます。この様子を見た野中川原史満が歌を贈ります。泣き崩れていた皇太子も「良い歌だ、悲しい歌だ」と言って、野中史満に琴と絹4疋・布20端・綿2褁（かます）を与えました。

※　興福寺所蔵の銅造仏頭

　以上、蘇我倉山田石川麻呂の冤罪事件のあらましですが、読者の皆さんはこの冤罪事件がどこまで本当の話で、『日本書紀』の編纂者が何のためにこの悲劇のエピソードを孝徳紀に挿入したのか判断に迷うことでしょう。この悲劇の主人公は蘇我倉山田麻呂であるとことは明らかです。しかし背後に孝徳天皇、皇太子中大兄（天智）がいます。しかし中大兄は直接の加害者ではありません。

　1番の被害者は山田麻呂の親族です。山田麻呂は山田寺建立の意思をもって自殺しました。長女造媛は二田塩の残酷なふるまいを見て狂って死にますが、二田塩は大宰帥の左遷で済んでいます。塩は単なる端役にすぎないことは明らかです。

　問題は蘇我倉山田麻呂の悲劇が孝徳天皇の治世下で起きていることです。それにしても孝徳天皇はこの冤罪事件にどこまで関わり、その結末にどのような責任を取ったのか、実に曖昧模糊としています。皇極退位後の皇極の実子中大兄・大海人皇子・間人皇女と腹違いの子古人大兄との関係も気になります。

　ところで蘇我倉山田麻呂が建立した山田寺のことについて一言つけ加えておきます。奈良市興福寺所蔵の銅造仏頭（国宝）は、もとは山田寺講堂本尊薬師如来像の頭部です。『玉葉』（九条兼実の日記）によれば、文治3

年（1187）、興福寺の僧兵が山田寺に押し入り、山田寺講堂本尊の薬師三尊像を強奪して、興福寺東金堂の本尊に据えます。

当時の興福寺は平重衡の兵火（南部炎上。治承 4 年 = 1180 年 12 月 28 日）で炎上後、再興の途上でした。この薬師如来像は応永 18 年（1411）の東金堂の火災の際に焼け落ち、かろうじて焼け残った頭部だけが、その後新しく造られた本尊像の台座内に格納されていたのです。この仏頭は昭和 12 年（1937）に再発見されるまでその存在が知られていませんでした。

3　孝徳政権の反百済対策

※ 倭国、百済と断交

乙巳のクーデターから 1 ヵ月後の「孝徳紀」大化元年（645）7 月 10 日条によれば、高麗・百済・新羅が共に朝貢し、百済の調使は任那の貢を進上します。しかし百済の大使佐平縁福だけは病気になり、津（難波津の館）に留まって京に入りません。巨勢徳太臣が天皇の言葉として百済の使者に次のように伝えます。

「はるか昔の我が皇祖の世に、初めて百済国を内官家（日本の朝貢国）としたときには、例えば 3 本でよった綱のように強固であった。中頃は任那国は百済の属国として与えられた。後には三輪栗隈君 東人を遣わして、任那国の境界を視察させた。よって百済国は勅によってその境界をすべて見せた。ところが今回の調 には不足があったので、これを返却する。貢物は天皇がしっかりとご覧になる。今後は細かく国名と貢上する調の品名とを記せ。お前佐平らは同じ顔ぶれで再度来朝して、早急にはっきり返答せよ。今、三輪栗隈君東人・馬飼造 を重ねて遣わす」と言った。また、「鬼部達率意斯を人質として差し出せ」と言った。

　引用文中の「中頃は任那国は百済の属国として与えられた」という箇所は百済から渡来して倭国王となった昆支が5世紀後半に任那（加羅諸国）を百済に譲渡した史実を反映しています。また「後には三輪栗隈君東人を遣わして、任那国の境界を視察させた。よって百済国は勅によってその境界をすべて見せた」という記事は、642年（皇極元年）に百済が唐・新羅軍との戦いで新羅から奪った旧任那の中心地帯を三輪栗隈君東人が検分したことを意味しています。

　また、皇極天皇が数人の大夫を難波郡（こおり）に遣わして、百済の調と献上物を点検させたとして、「皇極紀」2年（643）6月3日条に次のように書かれています。

　　　大夫たちは調使に尋ねて、「進上した国への調は前例よりも少ない。大臣への贈物は、去年差し戻した品目とおなじである。郡卿への贈物もまったく持って来ていない。前例と違っている。この有様は何だ」と言った。大使達率自斯（じし）・副使恩率軍善の2人は「早急に準備いたします」と申し上げた。自斯は達率武子の子である。

　この「皇極紀」の記事は、百済の調が不足していたという詔の内容を史実として思わせるべく、『日本書紀』編纂者の創作と考えられます。しかし先の百済の調をすべて返却するという孝徳天皇の詔は百済王を怒らせるものであったにちがいありません。

　なぜなら『日本書紀』は「大化4年（642）2月高句麗・百済・任那・新羅の使者が調賦を貢献」したと書いていますが、当時、新羅・高句麗の使者が百済の使者と一緒に倭国に朝貢するような状況ではありません。任那はすでに6世紀に滅びています。

　この記事も当時倭国が3国（高句麗・百済・新羅）と等距離外交をとっていたかのように見せるための『日本書紀』の創作です。『日本書紀』には乙巳のクーデター以降（645年7月）以降百済から調使が来たという記事は、孝徳天皇白雉2年（651）6月条の「百済・新羅、使を派遣して貢調

を奉る」という記事まで見えません。

　『三国史記』百済本紀の「653年8月百済の義慈王が倭国と好を通じた」という記事が史実を伝えているとすれば、この白雉2年（651）6月条の記事と、「新羅・百済、使いを派遣して貢調奉る」という白雉3年（653）4月条の記事は、百済との断交を隠すための『日本書紀』の創作ということになります。

　『日本書紀』孝徳天皇大化3年（647）是歳条には次のように書かれています。

　　　新羅が上臣大阿飡金春秋らを派遣して、博士小徳高向玄理黒麻呂・
　　小山中中臣連押熊を送り届け、孔雀1羽・鸚鵡1羽を献上した。そう
　　して金春秋を人質とした。春秋は容姿が美しく、よく談笑した。

　引用の文中に金春秋を人質にしたとありますが、金春秋（武烈王。在位654-611）はこの翌年の648年唐に入朝して、唐の太宗に百済出兵を要請し、654年には新羅の王位についた人物です。金春秋が人質として倭国に来たというのは新羅と倭国の力関係から『日本書紀』の創作以外のなにものでもありません。

　しかし金春秋が倭国に来たというのは史実でしょう。新羅に派遣された倭国の使者高向玄理が唐との国交を回復するための仲介役を新羅に依頼したと考えられます。先の記事の金春秋は高向玄理らの依頼に応じて倭国に渡来したことを物語っています。事実『旧唐書』倭国伝に貞観22年（648）「倭国が新羅に附し表奉る」と書かれています。倭国が表を託したのは金春秋としか考えられません。

※ 唐の「遠交近攻策」

　百済と国交を断絶した孝徳政権が新羅と通じて唐に表を奉じたというこ

とは、孝徳政権が親唐・親新羅、反百済の政策をとったことを意味しています。蘇我王朝（馬子・蝦夷・入鹿）時代の親百済、反唐政策からみると、倭国の外交は 180 度の転換をしたことになります。『日本書紀』孝徳天皇白雉 2 年（651）条に次のような記事があります。

　　　新羅の貢朝使知万沙飡らが、唐国の衣服を着て筑紫に停泊した。朝廷は勝手に服制を変えたことを憎み、大声で叱りつけ追い返した。この時、巨勢大臣は「まさに、今新羅を討伐しなければ、必ず後悔するでしょう。討伐の方法は兵力を用いる必要はありません。難波津から筑紫の湾内まで、船を接するほどいっぱいに浮かべておいて、新羅を召してその罪を問えばたやすく降伏するでしょう」と奏上した。

　孝徳政権は大化 5 年（649）ごろまでは親唐・親新羅、反百済政策をとっていましたが、白雉元年（650）年代に入ると、倭国政権は唐の「遠交近攻策」の影響を受けるようになります。唐の「遠交近攻策」とは、具体的には唐が新羅と組んで高句麗・百済を支配下におくという隋時代からの伝統的な外交政策のことです。

　新羅が唐服に変えたことに、大臣巨勢徳陀古（?–655）が怒ったことは孝徳政権が反新羅政策を打ち出したことを意味しています。なぜなら孝徳政権の倭国支配者層の中にはすでに反新羅政策を唱える勢力が台頭していたからです。そのスポークスマンが大臣巨勢徳陀古というわけです。したがって反新羅勢力の多くは百済系の王族や蘇我系の豪族であったと考えられます。

　ちなみに大臣巨勢徳陀古は皇極 2 年（643）11 月蘇我入鹿の命を受けて山背大兄を斑鳩宮に襲撃しています。また乙巳（645）のクーデターで巨勢徳陀古は蘇我蝦夷を助けようとした漢直らの説得のために中大兄によって派遣されています。そして孝徳天皇大化 5 年（649）4 月には阿倍内麻呂の後を受け左大臣に昇進します。

　巨勢徳陀古らは、前年の孝徳天皇大化 4 年（648）唐に提出した表を唐

が受け入れたことや、大化 5 年（649）の太宗（在位 626–649）の死亡で唐の高句麗侵略戦争が失敗に終わったことで、唐の軍事力を過小評価したのでしょう。このような巨勢徳陀古の判断の誤りは白村江の敗戦につながります。

※ 天皇孝徳と中大兄の不和

　孝徳天皇白雉 3 年（653）難波長柄豊碕宮が完成しますが、翌白雉 4 年（653）には中大兄は孝徳と仲違いとなり、中大兄は孝徳の后間人らと一緒に飛鳥河辺の宮に移ります。孝徳と中大兄の不和の原因は孝徳の親新羅政策と中大兄の親百済政策の衝突と考えられます。なぜなら後に中大兄が親百済政策をとるようになったからです。

　そもそも中大兄（天智）が藤原鎌足の協力を得て蘇我王朝（馬子・蝦夷・入鹿）を倒したのは、大王入鹿の親百済・反唐政策に反対したためです。その天智が親百済政策をとるようになったのは、天智も百済から渡来した 2 人の兄弟王子昆支と余紀（継体）の子孫であったことと、親百済派のリーダーになる方が有利と判断したからです。

　当時、百済と新羅は唐の遠交近攻策（唐・新羅による高句麗の侵略）によって激しく対立していましたが、百済と唐の関係はそれほど悪化していませんでした。孝徳白雉 2 年（651）百済は唐に朝貢し唐との国交修復を図っています。事実、孝徳政権は白雉 4 年（653）唐に大々的な使節団を派遣しています。

※ 第 3 次遣唐使使節団

　百済と国交を断絶した孝徳政権が新羅を通じて唐に表を奉じたということは、孝徳政権が親唐・親新羅、反百済の政策をとったことを意味しています。蘇我王朝（馬子・蝦夷・入鹿）の親百済政策からみると、倭国の外交政策は 180 度転換します。

　事実、『日本書紀』孝徳天皇白雉 4 年（孝徳 9 ＝ 653）5 月 12 日吉士長丹・高田首根麻呂らを大使とし、船 2 隻、総勢 240 人余にのぼる第 2 次遣

唐使を派遣し、さらに白雉5年（654）2月高向玄理を押使、河辺臣麻呂を大使、薬師恵日を副使とする第3次遣唐使が派遣されます。

　第2次遣唐使の高田首根麻呂らが乗った船は沈没遭難しますが、吉士長丹らは無事入唐して高宗に会い、白雉5年（654）7月に帰国します。『日本書紀』孝徳天皇白雉4年（653）5月10日条によれば、吉士長丹・高田首根麻呂ら大使とする第2次遣唐使の唐渡メンバーの名前が次のように記録されています。ちなみに学問僧の中に当時13歳の藤原鎌足の長子定恵の名もあります。

　　　大使小山上吉士長丹、副使小乙上吉士駒、学問僧道厳・道通・道光・恵施・覚勝・弁正・恵照・僧忍・知聡・道昭・定恵・安達・道観、学生巨勢臣薬・氷連老人〔老人は真玉の子である。ある本に学問僧知弁・義徳、学生境部磐積を加えている〕。合わせて121人が共に船に乗った。室原首御田を送使とした。
　　　また大使大山下高田首根麻呂〔またの名は八掬脛〕、副使小乙上掃守連小麻呂、学問僧道福・義向、合わせて120人が共に一つの船に乗った。土師連八手を送使とした。

　一方、高向玄理を押使、河辺臣麻呂を大使とする第3次遣唐使については『日本書紀』孝徳天皇白雉5年（649）2月条に次のように書かれています。

　　　押使大錦上高向玄理、大使小錦下河辺臣麻呂・副使大山下薬師恵日、判官大乙上書直麻呂・宮首阿弥陀・小乙上岡君宣・置始連大伯・小乙下中臣間人連老・田辺史鳥らが2船に分乗し、ぐずぐず留まりつつ数ヵ月かかって、新羅道を進み、莱州に停泊した。やっと京に到着して天子に拝謁した。
　　　その時、東宮監門郭丈挙は日本の地理と国の初めの神名を詳しく尋ね、みな問われるまま答えた。押使高向玄理は大唐で死んだ〔伊吉

博徳は「学問僧江妙は唐で死んだ。智聡は海で死んだ。智国も海で死んだ。智宗は庚寅の年に新羅船で帰国した。覚勝は唐で死んだ。義通は海で死んだ。定恵は乙丑の年、劉徳高の船で帰国した。妙位・法勝、学生氷連老人・高黄金、合わせて12人と、別に日本人との混血児韓智興・趙元宝は、今年使者とともに帰国した」と言った〕。

　第3次遣唐使の高向玄理・河辺臣麻呂らが天子（高宗）に面会したことは、『旧唐書』高宗本紀にも654年12月倭国が琥珀と瑪瑙を献じた書かれていますが、『唐会要』巻99倭国の部には高宗が倭国の遣唐使を慰め「倭国は新羅と接近しており、新羅は高句麗と百済によって侵されている。もし緊急のことがあれば、兵を派遣して新羅を救援せよ」と命じたことなどは書かれていません。

　高向玄理らが高宗にあった直後の655年1月百済と高句麗が、高句麗の支配下靺鞨とともに、新羅北部の三十余城を攻略したので新羅の武烈王（金春秋）は使者を唐に送り、救援を求めます。高宗はこの武烈王の要請を受け入れ2月将軍程名振・蘇定方に高句麗を討たせます。

　倭国は655年8月帰国し第3次遣唐使の河辺臣麻呂から、高宗から新羅救援を命じたことを聞いていながら、新羅救援のために出兵をすることはしませんでした。前年の654年10月に親新羅派の孝徳が死んだので、この頃は中大兄らの親百済派が完全に実権を握っていたからでしょう。この頃の倭国の状況を『日本書紀』孝徳天皇白雉5年と斉明天皇即位前紀・元年は次のように伝えています。

　　白雉5年7月西海使吉士長丹らは百済・新羅の送使とともに筑紫に停泊した。この月吉士長丹らが唐の高宗に会い、多くの文書・宝物を頂戴してきたことを褒められ、吉士長丹に小花下の位が授けられた。
　　10月1日天皇（孝徳）が病気になったことを聞いて皇太子（天智）・皇祖母尊・間人皇后、皇弟（大海人）・公卿ら連れて難波宮に赴いた。
　　10月10日天皇孝徳が崩御した。よって殯を南庭に造った。12月

8 日大坂磯長陵に葬った。この日皇太子（天智）は皇祖母尊を奉じて倭河辺行宮に移り住んだ。老人は語って「鼠が倭都にむかったのは、遷都の前兆であった」と言った。

斉明天皇元年（655）7 月 11 日難波の朝廷で北の〔北は越である〕蝦夷氏 99 人、東の〔陸奥である〕蝦夷 95 人を饗応した。併せて百済の調使 150 人も接待した。なお、柵養の蝦夷 9 人、津刈の蝦夷 6 人にそれぞれ冠 2 階を授けた。

この年高麗・百済・新羅がそろって朝貢した。8 月河辺臣麻呂が大唐から帰った。10 月 13 日小墾田に宮殿を建造し、瓦葺きにしようとした。この冬深山に宮殿の用材を求めたが腐ったものが多く建造は中止された。

斉明 2 年（656）8 月 8 日高麗が達沙どもを派遣して朝貢した〔大使達沙、副使伊利之、総勢 81 人である〕。

655 年 7 月に百済の使者が 150 人も来朝していることからも、当時倭国と百済が友好関係にあったことを物語っています。また百済と高句麗が親密な関係にあったことから、高句麗から 81 人もの使者を倭国に送ってきていることがわかります。

先に述べたように倭国政権は唐の太宗が高句麗侵に失敗したことから、当面唐の侵略はないと判断したのでしょう。倭国政権は高宗の新羅救援の命令を無視しながら、その後も遣唐使を派遣して唐との友好緩解を保とうとしたのは、高宗の侵略政策を軽視したためです。

しかし唐の高宗は父太宗の高句麗侵略失敗に懲りて侵略に慎重であったものの、658 年、659 年と続けて高句麗を侵略します。659 年 4 月には百済が新羅の境界を侵したので新羅の武烈王（金春秋）は唐に出兵を要請します。新羅の要請を受けた高宗は高句麗と連合している百済も征服して高句麗の孤立分断を図ります。まさに唐の「遠交近攻策」です。

唐の高宗はすでに新羅から倭国の親百済・高句麗、反新羅政策を知らされており、倭国の動向を警戒しています。しかし倭国政権はこの年の 7 月

第4次遣唐使を派遣したのです。坂合部連石布と津守連吉祥乗船の第4次遣唐使は、百済と新羅が交戦中であったために、朝鮮半島西岸を北上する航路をとることができず、江南に直行する航路をとります。

『日本書紀』巻26斉明天皇5年（659）7月3日条に掲載されている伊吉博徳の日記によれば、石布は南海の島に漂着しますが島民に殺されます。しかし石布の部下の坂合部連稲積ら5人は島民の船を盗み、江南に上陸したところ保護され洛陽に連行されます。

一方、津守連吉祥一行が乗った船も強風のため予定外の地に漂着し、閏10月29日に吉祥一行は洛陽に到着します。翌日、一行は高宗に会うことができましたが、12月高宗は使者たちに「唐は来年必ず海東の政（百済侵攻）をするので、汝ら倭国の使者は帰国してならない」と言い、一行を王都の長安に幽閉します。

吉祥や博徳たちが帰国したのは2年後の661年（斉明7年、辛酉年）7月のことでした。

4　伊吉博徳の物語

舒明も皇極も即位しなかったのですから斉明天皇も即位するわけがありません。しかし『日本書紀』巻26斉明天皇即位前紀には皇祖母尊（皇極）は飛鳥板蓋宮で天皇の位についたと、次のように書かれています。

　　天豊財重日足姫天皇は、初め橘豊日天皇（用明）の孫高向王に嫁がれ、漢皇子を生んだ。2年に皇后となった。息長足日広額天皇（舒明）紀にみえる。後に息長足日広額天皇（舒明）に嫁がれ、2男1女を生んだ。2年に皇后に就いた。舒明13年（641）10月舒明天皇が亡くなった。翌年の正月皇后は天皇の位についた。改元後の4年（大化元年、645年）6月皇位を天万豊日天皇（孝徳）に譲った。

　　天豊財重日足を称して、皇祖母尊と申し上げた。天皇豊日天皇（孝

徳）は後の 5 年 10 月に崩御された。元年正月 3 日皇祖母尊は飛鳥板
蓋宮で天皇の位についた。

ところで『日本書紀』巻第 26 斉明天皇紀は全 11 段で構成され、その各
段は次のような内容になっています。

〔1〕天皇明日香板蓋で重祚する
〔2〕造営と狂心の土木工事
〔3〕有馬皇子のこと、新羅の日本外交、阿倍臣の蝦夷遠征
〔4〕皇孫建王の薨去、紀温湯の行幸、皇孫建王を回想する挽歌など
〔5〕有馬皇子藤白坂で絞首のこと
〔6〕阿倍引田麻呂の粛慎の討伐、百済滅亡の予兆
〔7〕遣唐使の渡海、唐の高宗の謁見、「伊吉博徳書」を引いて詳述
〔8〕百済滅亡の状況、遺臣福信の奮闘
〔9〕百済からの救援要請
〔10〕百済救援のための西征
〔11〕斉明天皇崩御、11 月飛鳥川原の殯

これら全部で 11 段の記事のなかで史実として通用するのは、第 6 段か
ら 10 段までの記事です。とくに第 7 段の「遣唐使の渡海、唐の高宗の謁
見、伊吉博徳の物語」は「斉明紀」の約 25％ を占めます。

※ 第 4 次遣唐使
伊吉連博徳（壱岐博徳、伊吉博得とも）については、『日本書紀』孝徳天
皇白雉 5 年（649）2 月条の押使高向玄理、大使河辺臣麻呂、副使薬師恵日
ら第 3 次遣唐使一行の記事の割注にも次のように書かれています。

伊吉博得は「学問僧恵妙は海で死んだ。知聡は海で死んだ。智国も
海で死んだ。智宗は庚寅の年に新羅船で帰国した。覚勝は唐で死んだ。

義通は海で死んだ。定恵は乙丑の年に劉徳高らの船で帰国した。妙位・法勝、学生氷連老人・高黄金合わせて12人と、別に日本人との混血児韓智興・趙元宝は、今年使者と共に帰国した」と言った。

　伊吉博徳は『日本書紀』訳者頭注によると天武天皇12年（683）10月5日の14氏の「連」賜姓の中に入っている「壱伎史」のことです。また伊吉博徳は舒明紀3年（631）10月条の唐から派遣された高表仁らが難波に到着したとき、館に難波吉士と一緒に案内した伊岐史乙等と同一人物です。訳者頭注には『姓氏録』左京諸蕃に「出自長安人劉揚雍也」とあるので唐人（中国人）であることがわかります。

　※伊吉博徳の記録
　『日本書紀』「斉明紀」にエピソードとして挿入されている伊吉博徳については第9章でも取り上げることにし、ここでは――線以下の伊吉博徳によって記録された第4次遣唐使一行の艱難辛苦の物語を次に紹介いたします。前述と多少重なる箇所もありますが、ご容赦願います。

　　――大使坂合部連石布・副使津守連吉祥ら遣唐使一行は交戦中の新羅と百済の朝鮮半島西岸を北上する航路を避け、江南（長江の下流岸地域）に直行する呉唐航路をとることにし、7月3日難波の大和川と淀川が合流する三津（御津、大阪市三津寺町付近）から大使坂合部石布と副使津守吉祥らそれぞれが乗る2船が出航した。
　そして1ヵ月後の8月11日筑紫（博多港）を出発し、9月13日百済南端の島に到着したが、一行にとってその島の名前さえわからない。那津からその名も知らない島まで約1ヵ月費やしていることからも、台風のため壱岐・対馬に停泊しながらの航海だ。運よく助かった東漢長直阿利間、坂合部連稲積ら5人は島人の船を盗んだ。
　14日の寅時（午前3時から5時までの間）2船は相次いで大海に乗り出した。15日の日没、大使坂合部石布が乗る船が逆風をうけて南海

の島爾加委（未詳）に漂着した。しかしその島で大使坂合部石布らは島人に殺害された。

　一方、副使津守吉祥らが乗船した船は 16 日の夜中に越州（中国浙江省麗水）に到着した。しかし東北の風が強く吹いたので余姚県（浙江省）に到着したのは 9 月 30 日であった。

　一行は船と諸々の調度品とその他を置いて 10 月 1 日越州の役所を訪ね、15 日駅馬で京（長安）に入り、29 日馬を馳せて東宮（洛陽）に到着した。当時、唐の高宗（在位 649–683）は東京にいた〔『質治通鑑』（1065 年成立。編年体の歴史書）によると高宗は閏 10 月 5 日長安を出発、25 日洛陽に到着〕。

　10 月 30 日高宗は副使津守ら遣唐使一行に謁見した。「日本国の天皇は平安で居られるか」と高宗。「天地の徳を合わせ、自ら平安を得ております」と使者。「国内は平安かどうか」と高宗。「治世は天地に適い、万民は無事です」と使者。

　「これらの蝦夷国はどの方角にあるのか」と高宗。「その国は東北にあります」と使者。「蝦夷は何種類あるか」と高宗。「3 種類あります。遠い者を都加留と名付け、次を麁蝦夷、近い者を熟蝦夷と名付けています。いまここにいるのが熟蝦夷です。毎年、本国の朝廷に貢物を納めております」と使者。

　「その国に五穀はあるのか」と高宗。「ございません。肉を食べて生活しております」と使者。「その国に住居はあるのか」と高宗。「ございません。深い山のなかで樹木の下に住んでいます」と使者。すると高宗は「私は蝦夷の身体の顔の異形のさまを見て、たいそう喜び、また怪しんだ。使者たちは遠方からの来訪で辛苦したことであろう。退いて館に滞在せよ」と使者に慰労の言葉を述べた。

　11 月 1 日朝廷で冬至の儀式があった。その儀式の日、高宗はまた遣唐使一行に謁見した。参朝した諸蕃の中で日本の客が最も優れていた。後に出火騒ぎがあったために放置され、再度の謁見はなかった。

　12 月 3 日韓智興（孝徳天皇白雉 4 年＝ 648 年 2 月の押使高向玄理、大使

95

河部麻呂、副使薬師恵日ら３次遣唐使一行の中に名があり）の従者西漢大麻呂（百済人）はわざと津守一行を讒言（唐出兵の秘密情報を得たことによるのか）した。

　そのため津守ら遣唐使一行は唐朝によって流罪とされ、韓智興も3000里の外に流されることになった〔唐の律では死刑についての流刑（2000里・2500里・3000里）がある〕。しかし客（遣唐使）のなかの伊吉連博徳（本紀の原作者）が申し開きをしたので罪を逃れることができた。

　事がおわったあとで高宗の勅が出た。その勅とは「我が国は来年（660）に必ず海東（朝鮮）を征討するであろう。〝お前たち倭国（日本）客は帰国してはならない」というものであった。そして一行は西京（長安）に留められ、別々の場所に幽閉された。したがって一行の者は行き来することはできず、長年にわたって困苦した──。

　以上が伊吉博徳の記録ですが、このなかで高宗が遣唐使一行に倭国（日本）の国情について質問している箇所があります。高宗は最初は天皇や臣下に関する儀礼的な質問をしていますが、蝦夷の種類・生活の事がらになると態度を一変して鋭く倭国の使者に問い質しています。当時、高宗の心中は新羅と組んだ高句麗・百済攻略のこともあり、倭国の周辺国についても関心があったのでしょう。

　高宗と倭国使者の会話から、天智政権が当時、蝦夷が住む東北地方（福島以北）を日本国の支配下（占領下）に置いていなかったことが理解できます。何故なら遣唐使の使者は「蝦夷を３種類（都加留・麁蝦夷・熟蝦夷）に分け、毎年、朝廷に貢物を納めている」と答えています。対して唐皇帝高宗は「私は蝦夷の身体の顔の異形のさまを見て、たいそう喜び、また怪しんだ」と心境を明らかにしています。

　おそらく高宗は顔に入れ墨をした蝦夷を見て驚き、そして「いったいこの国（倭国）の成り立ち（国家形成）はどうなっているのだろう」と訝ったのかもしれません。

第6章　百済の滅亡と白村江の戦い

1　唐・新羅の百済侵略と義慈王

※ 唐の捕虜となる百済義慈王

　唐・新羅連合軍による百済侵略戦争は、坂合部連石布・津守連吉祥ら第4次遣唐使一行が倭国を出発した翌年の660年（斉明天皇6）3月に始まります。ということは津守連吉祥一行が唐の高宗に拘留されている間に唐・新羅連合軍は百済侵略を開始したことになります。

　この月唐の高宗は大将軍蘇定方（592-667）に水陸両軍あわせて13万を率いて百済を攻撃させ、さらに新羅の武烈王（金春秋）に蘇定方を支援するように命じます。高宗の命令を受けた新羅武烈王（654-661）は金庾信（新羅の将軍）らと兵を率いて5月26日王都慶州を出発し、6月18日約230 km北西の南川（京畿道利川）に到着します。同日莱州（中国山東省）を出発し東方に向かった唐蘇定方の軍を待ちます。

　また武烈王の太子金法敏（文武王、在位661-681）は兵船100隻を率いて徳物島（京畿道甕津郡徳積島）で蘇定方を出迎えます。唐の将軍蘇定方は金法敏に「7月10日船で南下して百済（錦江河口）に着き、武烈王の軍と合流する」と伝えます。金法敏の報告を受けた武烈王は金法敏と金庾信に5万の新羅軍を百済の都のある熊津（忠清南道公州市）に向け進軍させます。

　一方、四沘（扶余）にいた百済義慈王（在位641-660。百済最後の王。子に孝・泰・隆・演・豊＝豊璋・勇＝百済王善光がいる）は急遽群臣を集めて作戦会議を開き、そこで決戦の相手を唐軍か新羅軍とするかの意見を求めますが、群臣らが興首（配流中の高官階伯）の作戦（唐軍攻撃）に反対した

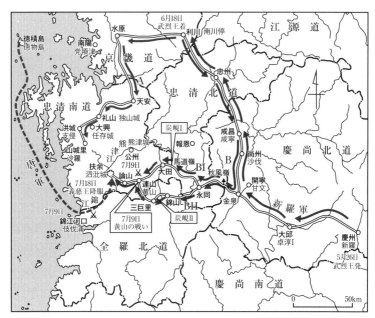

百済滅亡略図

ので義慈王は群臣の意見に従います。

　この時新羅軍は炭岐を通過中でした。義慈王は興首こと階伯の軍隊に黄
山之原（忠清南道論山郡連山平野）で新羅軍を迎撃させますが、7月9日階
伯の軍は金庚信の新羅軍に敗北します。この日蘇定方は熊津口（錦江河口）
の百済軍を撃破します。

　12日唐・新羅連合軍に四沘城を包囲された義慈王は、翌日の13日太子
孝とともに熊津（公州）に逃亡します。義慈王の子隆（元の太子）と泰は
四沘城を出て降伏します。18日義慈王も太子孝とともに熊津城を出て降
伏し、ついに百済は滅亡します。

　約2ヵ月で百済侵略を終えた蘇定方は、9月3日将軍劉仁願に唐兵1万
と新羅兵7000をもって四沘城を守らせ、自分は義慈王と王族・臣下ら約
90名と1万2000名余の百姓を連れて四沘城から船に乗り唐に帰ります。
義慈王らは11月1日洛陽に到着しますが、義慈王は間もなく病死します。

　唐は百済を熊津・馬韓など5部と37の州県に分けて支配し、5部には

それぞれ都督府を置きます。旧王都の熊津に置いた熊津都督府の長として将軍の王文度を任命しますが、他の4人の都督府には百済の豪族を任命します。

※　高句麗僧道顕と伊吉博徳の記事

　ところで『日本書紀』斉明天皇6年（660）7月16日条に「百済滅亡遺臣の奮闘」（第8段）と題して高句麗僧道顕と伊吉博徳の記事が挿入されています。唐・新羅連合軍による百済侵略に関係することが書かれていますので次に引用します（棒線——以下）。

　　　——高麗の僧道顕が記した『日本世記』に「新羅王金春秋は大将軍蘇定方の手を借りて百済を滅ぼした。百済王の大夫人は妖女である。ほしいままに国の権力を手に入れて賢く善良な人を誅殺して困難を招いた。よくよく気をつけなければならない。その注に、新羅の金春秋は高句麗の内臣蓋金（こうこん）に救援を求めたが願いがかなわなかった。それゆえまた唐に使者を送り母国新羅の衣冠を捨て自ら唐服に改めるなどして唐の高宗に媚びをうって隣国百済に損害を与えるよう策略をめぐらした」という。
　　　——伊吉連博徳の書に「斉明6年（660）の8月、唐の高宗は百済をすっかり平定し、その後9月12日客（百済征伐のための機密保持のため抑留されていた遣唐使一行。そのなかに伊吉連博がいる）が倭国に帰ることを許可した。一行は19日西宮（長安）を出発10月16日東京（洛陽）に着き、やっと阿利麻（ありま）ら（遣唐大使坂合石布の船に乗るが、石布らは島民に殺され、東漢長直天利麻と坂合部連稲積5人は生き残る）5人と会うことができた。11月1日将軍蘇定方らに捕らえられた百済王（義慈王以下、太子隆ら諸王子）13人、大佐平沙宅千福・国弁成（こくべんじょう）以下37人、合わせて50人ばかりが高宗の前に連れ出された。しかし高宗は目の前で彼らを放免した。19日高宗から慰労を受け、24日東京を出発した」という。

2 左平福信、百済救援軍を要請する

※ 福信、倭国に援軍を要請

　このように唐・新羅の連合軍に滅ぼされた百済ですが、唐の蘇定方が百済を離れる以前から王族・豪族からなる残存勢力の激しいゲリラ戦が展開されます。蘇定方が百済を離れると、百済のゲリラ軍は四泚城の南側を取り囲むよう柵を築きます。

　百済の佐平福信（鬼室福信。佐平は百済16等官品の最高位）が達率沙弥覚従らを倭国に派遣したのは、唐・新羅連合軍の侵略によって百済が滅びた2ヵ月後です。『日本書紀』斉明6年（660）10月条は福信による沙弥覚従らの倭国政権への援助要請を次のように伝えています。

　　　今年の7月新羅は唐人と策して百済を滅ぼし、皆捕虜にしたので残ったものはほとんどいません。ここに西部恩率鬼室福信は離散した兵を呼び集め、任射岐山に陣取りました。武器は先の戦役で尽きてしまいましたが、奪った武器を使っています。国民は"佐平福信、佐平自進"と呼んでいます。

　　　福信曰く「どうか百済国が天朝（倭国）に派遣しています豊璋を迎えて国主とすることをお許しください。百済ゲリラ軍が捕虜にした唐の兵100人余を献上します。そして是非とも百済救援軍を要請します」。

　　　天皇（斉明）は「百済国は困窮のあまり我が国を頼っている。その心を見捨てるわけにはいかない。将軍達に命令して多方面から進軍させよ。そして礼を尽くして王子（豊璋）を出発させよ」と命じます。

※ 義慈王の子豊璋

この「斉明紀」に登場する豊璋は『三国史記』に「扶余豊」、『新唐書』

に「豊」と書かれている義慈王の子で、『日本書紀』には「余豊」(「皇極紀」)・「糺解」(「斉明紀」・「天智紀」) とも書かれています。余・扶余は百済王の姓です。ちなみに豊璋は『日本書紀』皇極天皇元年 (642) 2月2日条に書かれている百済の王子翹岐と同一人物とする説もあります。

「豊璋を百済王にして百済を復興させたいので、救援軍を送ってほしい」という鬼室福信の要請を受けた中大兄はいよいよ唐を敵として戦うことに決定し、前軍の将軍阿曇比羅夫・河辺百枝と後軍の阿部引田比羅夫 (『日本書紀』斉明天皇3年4月条に書かれている日本海側を北は秋田沖から北海道まで航海してエミシを服属させた倭国の将軍)・物部熊・守君大石らに百済を救援させます。

9月長津宮 (福岡市博多) にいた中大兄は織冠を王子豊璋に与え、多臣蔣敷 (壬申の乱の天武側の武将多品治の父。太安万侶の祖父) の妹を豊璋の妻とし、軍兵5000人余をつけて百済に送ります。

豊璋と倭国の救援軍が百済に到着したのは662年 (天智元) 1月の初冬です。1月唐軍の一部は泉蓋蘇文が率いる高句麗軍に全滅され、2月には平壌 (高句麗の首都) を包囲していた蘇定方の軍も大雪のため高句麗から退却します。ともにいた金庚信の新羅軍も帰国していました。

※ 白村江の敗北

3月倭国救援軍は錦江下流の右岸周留城を基地とします。中大兄が送った倭国救援軍の到来に百済軍が意気盛んになったのは言うまでもありません。しかし『旧唐書』によると福信が僧道琛を殺害するという内訌 (内紛) が起きましたが、豊璋は何の処罰をすることもなく見過ごします。そのことがのち福信の増長を招くことになります。

福信は四沘と熊津に籠城する唐の将軍劉仁願と劉仁軌に「大使たちはいつ本国にかえるのか。必ず見送りする」という手紙を送って挑発します。5月倭国政権は豊璋を百済王として即位させ福信にも爵禄を与えます。

7月劉仁願と劉仁軌は福信の軍を熊津の東で破り、新羅軍と共同で百済軍の柵を落とし、福信のいる真峴城 (忠清南道大徳郡) を落とします。そ

して唐軍のために新羅と四沘を結ぶ糧食を運ぶ道を開きます。劉仁願は唐本国にさらなる増援軍を要請したので高宗は将軍孫仁師に兵7000人をつけて派遣します。

12月豊璋と福信らは周留城からさらに南の僻城（全羅南道金堤）に基地を移しますが、倭国軍から派遣されていた朴市田来津（白村江で戦死）は「周留城は天然の要害であるから移動するべきではない」と反対します。

翌663年（天智2）2月新羅は百済の南の徳安城（忠清南道論山恩津）など4つの城柵を攻略したので、倭国救援軍は基地をふたたび周留城に戻します。3月倭国は前将軍上毛野君稚子らに兵2万7000人で新羅を攻撃させます。5月孫仁師の唐増援軍40万が徳物島に到着し、熊津城に進軍します。この模様は『日本書紀』天智2年（663）2月2日から9月24日条に次のように書かれています。

天智2年（663）2月2日百済は達率金受が朝貢した。新羅人は百済の南側の4州を焼き、安徳などの要地を攻略した。僻城は敵から近いので軍勢はいることができず、州柔に引き返した。朴市田来津の言う通りであった。

この月佐平福信は唐の捕虜続守言らを送ってきた。6月前軍の将軍上毛野君稚子らは新羅の沙鼻・岐奴江の2城を攻略した。百済王豊璋は福信に謀反の心があるのではないかと疑って福信の掌に穴をあけて縛った。

しかし自身では決断がつかず諸臣に「斬るべきか」と尋ねた。「これは悪逆人です」と達率徳執得。福信は「腐った狗のような愚か者め」と言って執得に唾を吐いた。そして王は福信を斬り晒し首にした。

8月13日新羅は百済王（豊璋）が自国の良将を斬ったことを知り、州柔を攻略しようと策略し。対して豊璋は「今、大日本国の将軍廬原君臣が1万人の兵を引き連れてやって来るという。私は白村まで行って饗応しようと思う」と言った。

17日新羅軍は州柔の王城を囲んだ。唐の軍将は船軍170艘を白村

江に配備した。27 日最初に到着した日本の船軍と唐の船軍が交戦し、日本の船軍はたちまち敗北した。28 日日本の将軍と百済王は状況を見極めることもせず、「我々が先制すれば敵は退却するだろう」と相談して、中軍を率いて堅く陣をはる唐軍に向かって進んだ。

　すると唐軍はたちまち左右から船を囲んで攻撃したので、日本軍は向きを変えることもできずあっという間に大敗した。朴市田来津は奮闘したが戦死した。この時百済王豊璋は数人と船に乗って高麗に逃れた。

3　"百済の名は今日をもって絶えた"

※ 百済難民の渡来

　663 年（天智 2）9 月 7 日、ついに百済の州柔城は落城します。この時の状況を『日本書記』は「この時百済の国民は"事態はどうしようもない。百済の名は今日をもって絶えた。墳墓へは 2 度と参ることはできない。ただ弓礼城（忠清南道南海島）に行って日本の軍将たちに相談するだけである"と言った」と伝えています。

　敗残兵は先に枕服岐城（全羅南道康津）に置いていた妻子らに国を去ることを知らせます。9 月 11 日人々は牟弖（全羅南道南平）を出発して翌日 13 日弓礼城に到着します。24 日日本の船軍と佐平余自信・達率木素貴子・谷那晋首・憶礼福留、あわせて百済の国民らが弓礼城に到着します。翌日、百済の難民は日本に向かいます。

　天智 4 年（665）2 月条によれば「25 日間人大后薨去された」とあり、この月条に「百済の男女 400 人余りを近江国神前郡にすまわせた」とあります。『日本書紀』訳者頭注は「近江国神前」について次のように解説しています。

　滋賀県東部南寄りに位置する。東の鈴鹿山脈から西の琵琶湖岸（琵

琶湖の最南端の草津）まで東西に細長い。東から水源町・八日市町の一部、五個荘町・能登川町のほぼ全域、彦根市の一部が郡域。

上記百済からの難民が移住した神前地域一帯は後に起きる壬申の乱の戦場になっています。おそらく多くの百済人が壬申の乱に巻き込まれているはずです。壬申の乱については後述します。

※ 唐の郭務悰、天智政権に接触

ところで間人大后が死去する前年の天智3年（664）2月9日条に「天皇（天智）は大皇弟（大海人＝古人大兄＝天武）に命じて冠位の階名の増加と変更および氏上・民部・家部らのことを宣勅した」と書かれています。

この記事は冠位制を大化5年の19階制から26階制に改めたことを意味します。また「氏上」は血縁関係で結ばれた親族を中心とする有力な同族集団ですが、主に畿内とその周辺の同族集団を指し、「民部」は豪族私有の部民、「家部」には諸説があり断定できませんが律令制下の家人の類と思われます。

さらに『日本書記』天智3年3月から10月4日条には「3月百済王善光王（禅広王。子孫は百済王の氏姓を賜る）らを難波に住まわせた。5月17日百済鎮将劉仁願は朝散大夫郭務悰を派遣し表函と献上品を進上した。6月島皇祖母命（舒明天皇の母）が亡くなった。10月1日郭務悰らを遣わす宣勅があった。この日中臣内臣（藤原鎌足）は僧智祥を遣わし郭務悰に賜物があった」と書かれています。

これら一連の記事は白村江の敗戦を経験した中大兄らは倭国防衛のために唐に対するさまざまな懐柔工作をおこなっていることをうかがわせます。熊津都督府の劉仁願が郭務悰を派遣してきたのも倭国天智政権に百済熊津都督府に協力するように要求してきたのでしょう。

しかし倭国天智政権は唐・新羅連合軍の来襲に備えて対馬・壱岐・筑紫国に防人や烽火を置き、筑紫の太宰府の前面に水城を築きます。

4　唐の高句麗侵略再開

※ 高句麗滅亡

　白村江の敗戦によって唐の巨大な力を知った中大兄らは急遽飛鳥に戻り、防衛体制を固めます。翌664年（天智3）2月、新たに冠位26階を制定したのも支配体制を強化するためです。5月熊津都督府にいた劉仁願は2月郭務悰らを派遣します。劉仁願は倭国政権に熊津都督に協力するよう要求してきたのでしょう。しかし倭国政権は郭務悰らが唐の正式な使者でないとして、上京を許さなかったので郭務悰等は12月帰途につきます。

　倭国政権は唐・新羅連合軍の来襲に備えて、この年対馬・壱岐・筑紫国に防人と烽火を置き、筑紫の大宰府の前面に防衛のための水城を築き、翌665年8月には百済から亡命してきた高官たちを派遣して、長門国や筑紫国に山城を築かせています。

　8月唐の高宗は熊津城で新羅の文武王（在位661-681）と熊津都督の扶余隆と和平の盟約を結ばせ、9月には劉徳高・郭務悰らを派遣します。高宗は高句麗を孤立させるために新羅と旧百済の争いをやめさせ、倭国との修好を望んだのでしょう。倭国政権も唐の態度を歓迎したと考えられます。なぜなら劉徳高らは前年の郭務悰一行と異なり、倭国側に友好的に迎えられ、12月に帰っているからです。

　「天智紀」にはこの年倭国が守君大石らと唐に派遣したとありますが、注に「蓋し唐の使人を送るか」とあることから、この使者は遣唐使ではなく、劉徳高らを送るために熊津に派遣されたものとみられています。倭国政権が遣唐使を派遣するほど、倭国と唐の関係は修復していなかったからです。

※ 近江遷都

　唐が高句麗侵略戦争を再開（666年）したことは、倭国政権を緊張させます。翌667年3月中大兄は飛鳥から近江に遷都し、11月大和の高安城、

讃岐の屋島城、対馬の金田城を築きます。近江遷都の目的は唐の侵略に備えるためと、蘇我系豪族の反乱に備えるためです。

　近江には坂田公（さかたのきみ）など継体系の豪族たちが居住していたので、継体系の大王家にとっては近江は飛鳥よりはるかに安全な地であったからです。「天智紀」7年（668）1月3日条に、中大兄が即位したと書かれていますが、この記事の注に「或る本に伝わく、6年（667）歳次丁卯3月に位に即きたまう」とあり、667年3月に近江大津宮で即位したと考えられます。

　668年4月熊津都督府が使者を派遣しますが、9月新羅が使者金東厳（きんとうごん）を派遣します。新羅との国交は656年以後12年ぶりに再開されたことになります。喜んだ倭国政権は使者金東厳を通じて9月新羅の文武王と上臣金庾信（きんゆしん）にそれぞれ船1隻を贈り、11月にも新羅王に絹・綿などを送っています。

　さらに金東厳の帰国に際して道守臣麻呂と、吉士小鮪（きしのおしび）を新羅に派遣しています。新羅は669年と671年にも朝貢しています。戦勝国の新羅が低姿勢で倭国との修好を求めてきたのは、新羅が唐に対して不信感を抱くようになったからです。倭国も唐の倭国侵略を警戒していたことも両国の利害が一致します。

※ 新羅の唐からの独立

　唐と新羅の対立はすでに660年の唐の百済侵略戦争に端を発しています。660年6月王都泗沘（しひ）を攻めようとして、白江に上陸した蘇定方は金庾信ら新羅軍が約束の期日に伎抜浦に到着しなかったことを怒り、金庾信の部下を斬ろうとしたため、唐軍と新羅軍とで危うく戦闘が始まるところでした。

　663年4月高宗は新羅を鶏林州都督府とし、文武王を鶏林州都督に任命します。高宗は新羅を唐の一都督府にしたころから唐と新羅の対立が激化します。唐は668年倭国征伐を口実に艦船を修理して新羅を討とうとし、669年には百済の女性を新羅の漢城州都督に嫁がせ、新羅の武器を盗ませて反乱を起こさせようとしました。

　また670年1月には高宗は新羅が百済の土地と住民を勝手に取ったとし

て新羅の使者を拘留します。唐のやり方に反発した新羅は 670 年 6 月唐と
正面から衝突するようになったのです。この月唐軍と戦っていた高句麗復
興軍が、元高句麗の大臣の子である安勝を王としたいと新羅の文武王に
願いでます。文武王は安勝を迎え入れ、8 月に安勝を高句麗王としたので
す。

　その後新羅軍と唐軍はしばしば戦うことがありましたが、高句麗や百済
の旧民たちが新羅側に加わって戦い、675 年には新羅は旧百済の領域と大
同江以南の旧高句麗領を支配するようになりました。翌 676 年新羅の水軍
が唐の将軍薛仁貴が率いる水軍を白江で全滅させ、唐の新羅支配の野望を
打ち砕きました。

　新羅の侵略と支配に失敗した唐は 676 年平壌に置いていた安東都護府を
遼東故城（中国遼寧省遼陽市）に移し、熊津にあった熊津都督府を新城（遼
寧省撫順市）に移転し、朝鮮半島から撤退したのです。

※ 倭国天智政権の 2 面外交

　670 年から 676 年までの新羅の対唐戦争は、倭国政権の外交政策に大き
な影響を与えます。新羅は予想される対唐戦争に備えて、668 年倭国に修
好を求め、唐の侵略を恐れる倭国も親新羅政策をとるようになります。

　しかし倭国政権は高句麗滅亡後、唐の侵略を防ぐためにも親唐政策（2
面外交）をとらざるをえません。例をあげると倭国政権は天智 8 年（669）
是歳条に「河内直鯨らを大唐に派遣し、佐平余自信・佐平鬼室集斯ら
700 人余りを近江国の蒲生郡に移り住わせ、また大唐が郭務悰ら 2000 人
余りを派遣した」とあります。

　倭国政権がこのような 2 面外交をとらざるをえなかったのは、倭国政権
の中に親唐派と親新羅派が対立していたからです。そして親新羅派のリー
ダーが大海人皇子（天武）であったことです。671 年（天智 10）になると
唐と新羅双方の使者が倭国にきます。

　「高句麗の使者来倭」（1 月 9 日）、「熊津都督府の劉仁願が李守真ら

を派遣」(1月13日)、「百済の使者来倭」(2月23日)、「百済の使者の軍事的要請について大王天智が返答」(6月4日)、「百済の調使来倭」(6月15日)、「新羅の使者来倭」(6月是月)、「新羅の金万物来倭」(10月7日)、「唐の郭務悰ら2000人が対馬に到着」(11月10日)。

　1月9日に来た高句麗の使者は唐と戦っていた高句麗の旧民の使者で、救援要請のためと考えられます。2月と6月に来た百済の使者や調使は新羅と戦っていた旧百済人です。6月4日百済の使者の軍事的要請に対して、大王天智が何らかの回答を行ったと思われます。

　11月対馬に到着した郭務悰ら600人と旧百済人沙宅孫登ら1400人、合計2000人はその後筑紫に来ています。郭務悰ら600人は主に唐兵であったと考えられますが、郭務悰は唐本国から派遣されて来たと思われます。郭務悰らは翌672年5月倭国政権から甲冑弓矢・絁・布・綿など贈られて帰国します。

　壬申の乱は郭務悰らが帰った翌月に起こっていますが、当時の国際情勢と無関係ではありません。壬申の乱の主因は王位継承の争いですが、その前に天武天皇の正体、すななわち古人大兄＝大海人皇子＝天武天皇の正体を明らかにしなければなりません。

　次章では、天武天皇が大王蘇我馬子の娘法堤郎娘と舒明天皇の間に生まれた古人大兄と同一人物であることを明らかにします。

第7章　古人大兄＝大海人＝天武天皇の正体

1　検定日本史教科書

※ 天智の弟天武

　壬申の乱は王位継承の争いが主因ですが、その前に天武天皇の正体、すなわち古人大兄＝大海人皇子＝天武天皇の正体を明らかにしなければなりません。文部科学省検定済教科書は「律令国家への道」という見出しで、天智天皇の弟大海人皇子について次のように書いてます。

　　天智天皇（在位668–671）が亡くなると、翌672年に大友皇子（648–672）と天智天皇の弟大海人皇子（631?–686）とのあいだで皇位継承をめぐる戦い（壬申の乱）がおきた。大海人皇子は美濃を本拠地として、東国からの軍事動員に成功し大友皇子の近江朝廷をたおし、翌年飛鳥浄御原宮で天武天皇（在位673–686）が即位した。

　　乱の結果、近江朝廷側についた有力豪族が没落し、巨大な権力を手にした天武天皇を中心に中央集権的国家体制の形成が進んだ。天武天皇は675年に豪族領有民をやめ、官人の位階や昇進の制度を定めて官僚制の形成を進めた。684年には八色の姓を定めて豪族たちを天皇を中心とした身分秩序に編成した。

　　また、律令・国史の編纂や財貨や銭貨の鋳造、中国の都城にならった藤原京の造営を始めたが、その完成前に亡くなった。天武天皇のあとを継いだ皇后の持統天皇（在位690–697）はそれらの諸政策を引き継ぎ、689年には飛鳥浄御原令を施行し、翌690年には戸籍（庚寅年籍）を作成して民衆の把握を進めた。そして694年には、飛鳥の地か

ら本格的な宮都藤原京に遷都した。

　この高校向けの日本史教科書（『詳説日本史』山川出版、2007年）は下段の注で、中大兄皇子について「中大兄皇子の主導をもとに、蘇我氏系の大王候補であった古人大兄王や蘇我山田石川麻呂が滅ぼされた」としています。また天武天皇による中央集権的国家体制の形成について「それまでの大王にかわって“天皇”という称号が用いられるのもこのころからとされる」と注釈しています。

　このように高校日本史教科書「天智天皇の弟大海人皇子とのあいだで皇位継承をめぐる戦いがおきた」と書き、天武天皇が天智天皇の弟としているのは、『日本書紀』がそのように書いているからです。事実、舒明天皇2年（630）正月12日条に次のように書かれています。

　　　宝皇女を立てて皇后とした。后は2男1女を生んだ。1子を葛城皇
　　　子（後の天智）という。2子を間人皇女という。3子を大海皇子（後の
　　　天武）という。夫人蘇我島大臣の娘法堤郎媛は古人皇子を生んだ〔ま
　　　たの名は大兄皇子〕。

　また『日本書紀』巻28天武天皇即位前紀には「天淳中原瀛眞人天皇（あまのぬ な はらおきのまひと）は天命開別天皇（あめみことひらかすわけ）（天智）の同母弟である」と書かれています。ところがこれら『日本書紀』の記事について疑いをもつ研究者が現われました。

　事実、『日本書紀』は天武の年齢を秘密にしています。兄の天智天皇については、舒明天皇13年（641）10月9日条に次のように書かれています。

　　　天皇舒明は百済宮で崩御された18日宮の北で殯（もがり）を行った。これを
　　　百済の大殯という。この時東宮開別皇子は御年16で、誄（しのびごと）を申し述
　　　べた。

　天智天皇の亡くなった年について『日本書紀』天智天皇10年（671）12

月 3 日条に「天皇が近江宮で崩御された。11 日新宮で殯をした」と書かれています。したがってこれらの記事から計算すると、天智は 626 年（推古天皇 34）に生まれ、46 歳で亡くなったことがわかります。

　しかし弟の天武については『日本書紀』天武天皇朱鳥元年（686）9 月 9 日条に「天皇の病気はついに癒えず、正宮で崩御された。11 日初めて哀の礼を奉った。そうして南庭に殯宮を建てた」と書かれていますが、生年や死亡年齢については何も書かれていません。

2　異議を唱える在野の研究者

※ 大海人皇子＝「大皇弟」の怪

　在野の研究者佐々克明（元朝日新聞記者。「天智・天武は兄弟だったか」『諸君』1974 年 8 月号）は、天武の死亡年齢について『本朝皇胤紹運録』（以下『紹運録』。応永 33 ＝ 1426 年成立。後小松上皇の勅命による天皇の系譜）が 65 歳、『神皇正統記』（南北朝時代の公卿北畠親房による歴史書）が 73 歳とあることから、『紹運録』の 65 歳説を採用したとしても天武は舒明が亡くなった 641 年に 20 歳であり、天智よりも 4 歳年上になると指摘しました。ということは天武は 621 年か 622 年に生まれたことになります。

　一方で天智の実弟とされる大海人ですが、『日本書紀』舒明天皇 2 年（630）正月 1 日条が初登場です。

　　　舒明と皇后宝皇女（皇極・重祚斉明）の間に生まれた第 1 子が葛城皇子（天智）、第 2 子が間人皇女、第 3 子が大海人皇子という。また舒明は夫人蘇我馬子大臣の娘法提郎媛との間に古人大兄を生む」と書かれています

　この第 3 子の大海人皇子ですが、王位継承者（大皇弟）として『日本書紀』天智天皇 3 年（664）2 月 9 日条に 2 度目の登場です。しかしもし佐々

克明の「天武は舒明が亡くなった641年20歳であった」という説が本当であるならば、王位継承者（大皇弟）として登場するまでの24年間、大海人はどこで何をしていたのでしょうか。次の記事を見てください。

　　　天皇（中大兄）は大皇弟（大海人）に命じて、冠位の署名の増加と変更、及び氏上・民部・家部らのことを宣勅された。冠は26階あった。

　事実、『日本書紀』訳者頭注は文中の冒頭の「天皇」について「中大兄皇子が即位するのは天智称制7年（668）正月3日であるから、ここに"天皇"とあるのは不審。また天智5年（649）3月条に「皇太子は自ら佐伯子麻呂連の家に出向いて、その病気を見舞った」とあります。

　ちなみに佐伯連子麻呂は皇極3年（644）正月条に中臣鎌子（鎌足）が中大兄のボディガード（護衛）として推挙し、翌年の乙巳のクーデター（645・6・12）では蘇我入鹿暗殺の刺客として登場しています。佐伯子麻呂と葛城稚犬養連網田は中大兄皇子の親衛隊であったのでしょう。

　また天智天皇6年（667）2月27日条には斉明天皇と間人皇女を合葬した際、「皇太子は群臣に向かって"私は万民を思いやるがために墳墓造営の労役を起こさない。どうか末代までの戒めとしてほしいと詔した」と書かれています。そして訳者頭注は「大皇弟」については「大海人皇子。中大兄皇子の弟なので、尊んで"大皇弟"としたか」と疑問を投げかけています。

　『日本書紀』の訳者頭注の実質上の責任者であり、『古代国家の成立』（日本の歴史②、中公文庫、1973年）の著者直木幸次郎は次のように述べています。

　　　『日本書紀』の天武天皇の条をみると、天智即位の元年（称制の年もあわせると天智7年）に大海人皇子は「立ちて東宮になる」とある。これが事実であるならば、天智即位とともに大海人皇子は東宮すなわち太子になったのであって、天智の後継者としての地位は安定したと

いわなければならない。2人の間にわだかまりの生ずるはずはないのである。

　しかし天皇の即位とともに皇太子を定めるのは、日本の古代ではきわめて稀なことで奈良時代以前では、推古朝の聖徳太子と孝徳朝の中大兄皇子以外にはほとんど例がないといっていいだろう。しかも聖徳太子の推古元年立太子は疑問がもたれるし、中大兄の大化元年立太子は大化改新というきわめて特殊な場合のことで、一般の例にはならない。また大海人立太子のことは天武天皇の条にみえるだけで、天智7年（天智即位元年）の条には記されていない。

　こうしたことからすると、大海人皇子の立太子の記事は、大海人皇子が後に大友皇子（天智の長子）をたおして即位したことを正当化するために『書紀』の編者が造作したものではないかという疑いも成り立つ。

　『書紀』が編纂されたのは大海人皇子（天武）の孫の元正天皇朝であり、大海人皇子の子の舎人親王が編集総裁としてこれにあたったのであるから、こういうことは十分に考えられるのである。

　以上の直木幸次郎の指摘はきわめて常識的であり、まさにその通りですが、佐々克明のように天武が天智より年上であり、かつ兄弟ではなかったというようなことを決して述べていないことをここでお断りしておきます。直木幸次郎の壬申の乱の発端の解釈については「第8章天武天皇と持統天皇」の「1　壬申の乱」でも取り上げます。

　※ 佐々克明の天武天皇年上説

　佐々克明の天武と天智の非兄弟説の問題に話を戻します。繰り返しますが、古人大兄と腹違い（異母兄）の天智は「舒明紀」や「天智紀」によれば626年に生まれ、46歳（数え年）で亡くなります。ところが後に即位した天武（大海人）は686年に死亡したと書かれ、生年や死亡年齢がいっさい記録されていません。

『日本書紀』が大王（天皇）の生まれた年や死亡年齢を明記しないことは、大王（天皇）の不都合なこと（出自や系譜、大きな事件）を隠すための『日本書紀』編纂者の常套手段です。例えば、『日本書紀』は欽明天皇（在位540-571）が昆支王＝倭王武の子であることや、辛亥のクーデターによる531年の即位を隠すために欽明の年齢について何も触れていません。『日本書紀』が天武の年齢について何も書いていないのは天武が天智より年上であることや天智と天武が母が異なる兄弟であることを隠すためです。

　天智・天武の年齢の矛盾を指摘した佐々克明は、死亡年齢から計算すると天武の方が年上になること、天智の実の娘が4人も天武に嫁いでいること、天武が大海人として政治の舞台に登場するのが非常に遅いことなどから、天武を新羅王が質として送った新羅の高官金多遂（『日本書紀』孝徳天皇大化5＝649年5月条参照）とする説を唱えました。その後、佐々克明は天武の年齢矛盾説をさらに発展させ天智と天武は兄弟ではなかったという説を唱えます。

※ 小林恵子と大和岩男の説

　天智と天武が非兄弟であるという説はほかにも現れました。天武を高句麗の宰相泉蓋蘇文とする小林恵子（「天武は高句麗から来た」『別冊文藝春秋』1990年夏号）なども同じです。

　高句麗の宰相泉蓋蘇文（淵蓋蘇文とも。?-664）とは『日本書紀』皇極元年（642）2月6日条の「大臣伊梨柯須弥」のことです。伊梨柯須弥は斉明6年（660）7月16日条の「新羅の金春秋（後の武烈王）は高麗の内臣蓋金に救いを願い出たがかなわなかった」とある高麗の内臣蓋金と同一人物であり、天智3年（664）10是月条の「この月高麗の大臣蓋金が本国で亡くなった」とある蓋金と同一人物です。

　　2月6日高麗の使者が難波津に停泊した。諸々の大夫たちを難波津に遣わして高麗国が貢上したものを調べさせた。使者は献上が終わると「去年の6月に、弟王子が亡くなりました。秋9月に大臣伊梨柯須

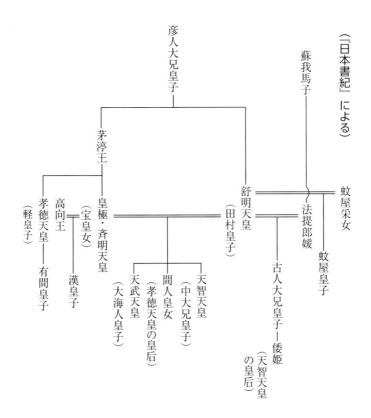

弥が大王を殺し、あわせて伊梨渠世斯ら180人余を殺しました。そして弟王子の子を王とし、自分は親族都須流金流を大臣としました」と申し上げました。

　大和岩雄は天智が天武に娘を4人も嫁がせたのは天武が実の弟ではなく異父兄、つまり父は舒明（田村皇子）でなく、天武は皇極（宝皇女）が用明天皇の孫高向王と結婚していた時に生んだ漢王子とし、次のように指摘しています。

　　高向王の「高向」は高向氏は蘇我氏を「君」と呼ぶ漢氏の氏族である。蘇我氏を滅ぼすための陰謀・武力行使に中大兄は大活躍するのに

対して、大海人は全く登場していないのは、高向氏・漢氏とかかわり
のある立場に大海人がいたからである。

3 異母兄弟の天智と天武

※ 石渡信一郎の説

　佐々克明・小林恵子・大和岩男らの「天智・天武非兄弟説」に対して石
渡信一郎は、天武は『日本書紀』舒明2年（630）1月12日条に書かれて
いる舒明が蘇我馬子の娘法提郎媛に生ませた古人大兄と同一人物であると
します。したがって天武と天智は母が異なる異母兄弟の関係にあるとし、
次のように書いています。

　　　乙巳のクーデター2年前の『日本書紀』皇極天皇2年（643）10月
　　条に蘇我入鹿が古人大兄を天皇にしようとしたとあるが、この10月
　　は大王蝦夷が入鹿に王位を譲った月であるから即位したばかりの入
　　鹿が、対立する継体天皇王統舒明の子古人大兄を大王にしようと考え
　　るわけがない。
　　　同じく11月条に山背大兄王たちを捕らえに行こうとした入鹿に対
　　して、古人大兄が「鼠は穴に隠れて生きているが、穴を出たら死んで
　　しまう」と言い、入鹿の行くのを止めたとある。ふつうこの言葉は入
　　鹿を鼠にたとえて、入鹿がもし本拠を離れたらどんな難に会うかわか
　　らないと戒めたものと解されている。しかし大王入鹿を鼠にたとえる
　　ことなど、当時の古人大兄にできるわけがない。この言葉も『日本書
　　紀』編纂者が勝手に創作したものである。

　石渡信一郎の説が佐々克明・小林恵子・大和岩雄の説や、『日本書紀』
の訳者である直木幸次郎と大いに異なるのは、石渡信一郎が蘇我馬子・蝦
夷・入鹿は大王であったとしているからです。したがって推古天皇・聖徳

太子も『日本書紀』が創作した仏教王馬子の分身・架空の存在であり、推古天皇死後の山背大兄（聖徳太子の子）と田村皇子（舒明、彦人大兄の子）の後継者争いも虚構です。

　佐々克明・小林恵子・大和岩雄説が『日本書紀』の通りに舒明・皇極は即位したとしているのに対して、石渡信一郎が舒明も皇極も即位しなかったとしていることでは4人の説と決定的に違います。

　『日本書紀』が天武と天智の系譜を書き変えたのは、蘇我王朝3代（馬子→蝦夷→入鹿）の存在を隠すとともに、田村皇子（舒明）を父とすることでは同じである天智と天武（大海）が継体系王統の皇位継承者であるためには、天武＝大海人＝古人大兄が大王馬子の娘法提郎媛の子であることは極めて不都合なことです。

　何故なら天武と兄弟であり、しかも年下の天智は天武の母が大王の娘法提郎媛であることを知っているにもかかわらず、乙巳のクーデターで蘇我王朝を滅ぼしているからです。いってみれば中大兄（天智）と藤原鎌足はアマテラスを祖とし神武を初代天皇とする万世一系天皇の物語と真逆のこと行っています。

　中大兄（天智）が舒明天皇の葬儀で東宮（皇太子）として16歳で誄したと『日本書紀』が書いているのもそのためです。律令国家初期の並びなき指導者であり、かつ「記紀」の実質的なプロデューサーにして持統・文武天皇の後見人であった藤原不比等は、『日本書紀』において天武天皇を蘇我大臣馬子の娘の子孫古人大兄と舒明と皇極の子大海人の2人に分けたのは、継体系天武のために蘇我大王家との血のつながりを否定せざるをえなかったからです。

　※ 法提郎媛＝酢香手姫

　天武の母蘇我馬子の娘法提郎媛が用明天皇の皇女酢香手姫（すかて）と同一人物であることや蘇我馬子＝用明天皇であることは次の『日本書紀』用明天皇即位前紀の記事からも明らかです。

橘豊日天皇（用明）は天国排開広庭天皇（欽明）の第4子である。母は堅塩媛という。天皇は仏法を信仰し、神道を尊重した。14年8月渟中倉太珠敷天皇（敏達）が崩御された。9月5日天皇は即位した。磐余に宮を造り、名付けて池辺双槻宮という。蘇我馬子宿禰を大臣、物部弓削守屋連を大連とした。19日酢香手姫皇女（『古事記』は須加志呂郎女）を伊勢神宮に召して日神の祭祀に仕えさせた。

　用明天皇（在位585–587）は大王馬子の架空の分身です。であれば大王馬子＝用明ですから法提郎媛＝酢香手姫と考えるのが合理的です。『日本書紀』は敏達天皇7年（578）3月条で池辺皇子が菟道皇女を犯したと書いていますが、この記事は馬子が彦人大兄の妹を犯したことを意味しています。『上宮記』逸文と『法王帝説』には、大臣馬子の娘で厩戸王の妻となり山背大兄の生母となったとされている「刀自古郎女」という女性がいます。

　『日本書紀』は『上宮記』と『法王帝説』（『上宮聖徳法王帝説』）を利用して山背大兄とその一族が蘇我入鹿に殺害されたとする虚偽の記事を作ったのです。なお酢香手姫については『日本書紀』用明天皇元年（585）正月1日条で葛城直磐村の娘広子が生んだ娘酢香手姫皇女としています。

　穴穂部間人皇女を立てて皇后とした。皇后は4人の皇子を生んだ。その1子を厩戸皇子という。この皇子は初め上宮に住み、のち斑鳩に移った。推古天皇の世に東宮（皇太子）につき、国政のすべてを執り行った。その2子を来目皇子といい、その3子を殖栗皇子という。その4子を茨田皇子という。

　蘇我大臣稲目宿禰の娘石寸名を立てて、妃とした。この妃は田目皇子を生んだ。葛城直磐村の娘広子は1男1女を生んだ。皇子を麻呂子皇子といい、当麻公の先祖である。女を酢香手姫皇女といい、3代にわたって日神に仕えた。

　また『古事記』用明天皇条には「この天皇、当麻之倉首比呂の娘、飯之子を娶って生ませる御子は当麻王。次に妹須加志呂郎女」とあります。また先の『日本書紀』用明天皇即位前記の割注に次のように書かれています。

　　　この皇女（酢香手姫）は用明天皇の御時から炊屋姫天皇（推古）の
　　　御世に至るまで、日神の祭祀に仕えた。後に自ら葛城に退いて死去
　　　した。炊屋姫天皇にみえる。ある本に37年間、日神の祭祀に仕えた。
　　　自ら退いて死去したという。

　割注の「酢香手姫は用明天皇の時から推古天皇の御世まで37年間に日神に仕えた」という記事が粉飾でなければ、酢香手姫は用明の即位元年の585年に37年を加算すると推古天皇622年（推古30）に当たり、おおよそこの年の前後に酢香手姫は退職したことになります。

　斎王は独身でなければ務まりません。したがって『日本書紀』が推古30年（622）まで酢香手姫が子を生むことがなかったとしているのは、酢香手姫の子の古人大兄＝天武が622年に生まれたことを知らせるサイン（暗号）とみてよいでしょう。すると622年に生まれた古人大兄＝天武は626年に生まれた天智より4歳年長であり、686年（朱鳥元年）天武は数え年65歳で死去したことになります。

4　ヲケとオケの物語

※ 間人皇女の即位

　天武天皇の出自と系譜を創作した『日本書紀』編纂者は中大兄（天智）が即位する前に妹の間人皇女が即位したことを隠しています。間人皇女は、舒明天皇2年（630）正月12日条に「1を葛城皇子（中大兄）、2を間人皇女、3を大海皇子（大海人）と申す。夫人蘇我馬子臣の女法提郎媛は古人

大兄を生む」と書かれている中大兄（天智）の実の妹です。また古人大兄
＝大海人にとって間人皇女は異母妹になります。

　『日本書紀』天智4年（665）条に「4月25日間人大后が薨去、3月1日
間人大后のために330人を得度（出家）させた」と書かれていますが、天
武天皇の危篤のときには250人を出家させているだけです。また間人の
殯の期間は天武と同じ2年間という大王なみのあつかいです。

　これから述べるいくつかの理由から間人皇女は斉明の死後ではなく、孝
徳天皇の死んだ白雉5年（654）の翌年（655＝斉明元年）に即位したと考
えられます。『日本書紀』は孝徳の死後、宝皇女（皇極）が天皇斉明とし
て重祚（ふたたび即位）したことにしていますが、乙巳（645）のクーデ
ターの時も宝皇女は天皇ではありません。蘇我入鹿が大王（天皇）だった
からです。

　また宝皇女の夫田村皇子（舒明）も大王ではなかったので、宝皇女が大
后になる条件は何もありません。すでに述べたように当時の大王は蘇我
蝦夷であり、推古天皇が亡くなった後の田村皇子（舒明）と山背大兄皇子
（聖徳太子の子）の後継者争いはフィクションです。

　『日本書紀』は乙巳のクーデター直後に中大兄が即位しなかったのは兄
の古人大兄がいるからだと説明しています。しかし兄の古人大兄は吉野に
おける謀反の罪で中大兄（天智）に処刑されたので、中大兄は孝徳の死後
（654）すぐ即位してしかるべきです。ところがもう一人の有力な皇位継承
者である大海人（実は母違いの兄古人大兄）がいたので即位できなかった
のです。

　病床の天智が大海人＝古人大兄を招き呼び皇位を譲ろうとして断られた
ことは『日本書紀』天智天皇10年（671）17日条と天武天皇即位前紀にも
書かれていますが、兄（大海人）と弟（中大兄）の兄弟王が即位を辞退し
たので中継ぎとして妹間人（孝徳の后）が即位する事態が生じたのです。

　※ 天智と天武をモデル

　記紀（『日本書紀』と『古事記』）には2人の兄弟、兄オケ（億計＝仁賢天

皇）と弟ヲケ（弘計＝顕宗天皇）という2人の王子が即位するまでの艱難
辛苦の物語があります。実は、この物語の豊青（飯豊）は間人皇女の虚像、
オケとヲケは天武と天智の虚像・分身として描かれています。『日本書紀』
顕宗天皇（在位485-487）即位前紀には次のように書かれています。

　　　清寧天皇5年（484）正月に白髪天皇（清寧）が亡くなった。この
　　月皇太子兄の億計（オケ王）は弟弘計（ヲケ王）と即位を譲り合った。
　　そしてどちらも長らく位につかなかったためヲケ王の姉飯豊青皇女
　　が忍海角刺宮で朝政を執った。自ら忍海飯豊青尊と名乗った。
　　　しかしこの年（484）11月飯豊青皇女忍海尊が崩御、葛城埴口丘
　　陵に葬られた。12月皇太子オケは璽を取り、「この天皇の御位は
　　功ある者が就くべきです。貴い身分を明かして迎え入れられたのはみ
　　な弟の計らいです」と言って、天皇の位を弟のヲケに譲った。

　そしてまた『日本書紀』編纂者は顕宗（ヲケ）天皇（在位485-487）の
即位までの模様を次のように書いています。

　　　天皇（ヲケ）は自分が弟であることを理由にどうしても即位しない。
　　「人の弟として尊ばれるのは、兄に仕え、難を逃れられるように紛争
　　を解決し、自分は即位しないことである。即位するようなことがあれ
　　ば弟としての恭順の義に背くことになる」とヲケ。
　　　対してオケは「父（清寧）は私が兄であるという理由で天下の事を
　　私に託された。しかし兄だからと言って、どうして先に即位すること
　　ができましょうか。功績なく即位すれば必ず咎められ悔いることにな
　　る。天皇は長く空位があってはならない。天皇は譲ったり拒んだりす
　　るものではない」と即位を辞退した。

　2人の兄弟王の即位までの物語は天武・天智をモデルにして創作されて
います。事実、祖父の押坂彦人大兄（田村皇子こと舒明の父）が蘇我馬子

に殺害された中大兄と大海人＝古人大兄は蘇我王朝（馬子・蝦夷・入鹿）の時代には孤児同様の父田村皇子のもとで成長します。しかし中大兄（天智）は中臣鎌足の協力を得て乙巳（645）のクーデターで王権を奪回します。

　結果、中大兄はオケとヲケの物語のように天武＝古人大兄より先に即位し、天武＝古人大兄はオケと同じように弟ヲケの死後に即位します。オケ・ヲケが即位を長らく譲り合っていたために妹（一説には姉）の飯豊青皇女が 政 をしたという話は、天武と天智が王位を譲り合っている間に妹（間人皇女）が即位した史実を反映しています。

　飯豊青について『日本書紀』が「尊・崩・陵」と記しているのは、飯豊青（間人皇女の分身）が天皇またはそれに準じる地位にいたからです。『日本書紀』が飯豊青を「仮執政」としたのは天武と天智が王位を譲り合っている間に間人皇女が即位した史実をカモフラージュしたためです。

※ 八角墳の舒明陵

　『日本書紀』は孝徳→斉明（皇極重祚）→天智の即位順番にしていますが、斉明は即位していません。したがって夫の舒明天皇（田村皇子）も即位していません。間人皇女が664年（天智4）に亡くなった時も天武＝古人大兄は即位を固辞したので天智が即位します。『日本書紀』天智天皇6（667）2月7日条に次のように書かれています。

　　天豊財重日足姫天皇（斉明天皇）と間人皇女とを小市 岡上 陵 に合
　　葬した。この日皇孫の大田皇女を陵の前の墓に葬った。高麗・百済・
　　新羅はみな葬列の通る道で哀の礼を奉った。

　「斉明陵」は橿原市鳥谷町の小谷南古墳（合葬墓）です。引用文にある「陵の前の墓」は大田皇女（天智天皇の皇女。母は蘇我倉山田石川麻呂の娘遠智娘）の小谷古墳です。

　皇極は即位しませんが、645年の乙巳のクーデター後は中大兄の母（実母、皇祖母尊）として、また孝徳天皇（軽皇子）の姉、大海人＝古人大兄

（馬子の娘法提郎媛の子）の義母として隠然たる権力をもつことになったのです。即位することのなかった皇極ですが、その夫である舒明（田村皇子）の陵（墓）について『日本書紀』は次のように書いています。

　　13年（641）10月9日百済宮（くだらのみや）で崩御された。宮の北で殯を行った。これを百済の大殯（おおもがり）（盛大な殯）という。東宮開別皇子（ひらかすわけ）は年16で誄をした。

　この田村皇子こと舒明天皇ですが、生年はわかっていません。誄をした長子中大兄の年齢が記されているにもかかわらず、亡くなった父舒明の生年がわからないというのは奇妙です。しかも盛大に殯をしたという「百済宮」の所在地が奈良県北葛城郡広陵町大字百済とする説がありますが、確たる遺跡は見つかっていません。舒明天皇の陵について『日本書紀』皇極天皇元年（642）12月条には次のように書かれています。

　　息長足日広額天皇を滑谷岡（なめだにのおか）に葬った。この日天皇（皇極）は小墾田（おはりだ）宮に移られた〔ある本に東宮の南庭の権宮（かりみや）に移ったという〕。

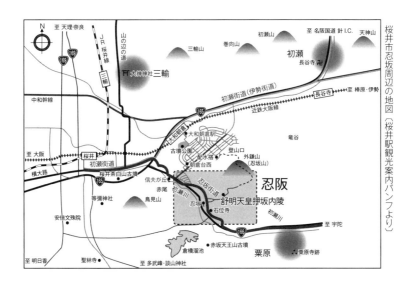

桜井市忍坂周辺の地図（桜井駅観光案内パンフより）

滑谷岡は今の明日香村の冬野辺りとされていますが、ここにも遺跡らしきものはありません。このように田村皇子こと舒明天皇の生年や住居や陵が曖昧模糊としているのは、田村皇子が蘇我馬子に殺害された彦人大兄の子であり、大王馬子を後見人とする孤児同様の身寄りない状況であったからです。

　舒明天皇の墓（段ノ塚古墳、八角墳）は忍坂山（外鎌山）南麓を通る忍坂街道沿いの奈良県桜井市大字忍阪字段ノ塚（近鉄大阪線、大和朝倉駅下車）ですが、この地は神武天皇が熊野から大和に初めて作った"忍坂の大室屋"のあるすこぶる由緒ある地です。

舒明天皇陵段ノ塚古墳〔筆者撮影〕

　八角形（天武・持統の墓も八角墳）の段ノ塚古墳はおそらく舒明を祖とする継体系王朝の元明天皇（在位707−715。天武と持統の子草壁皇子の妃。天智の娘）が時の権力者藤原不比等の協力をえて新たに造った墓と考えられます。

第8章　壬申の乱

1　天智天皇の近江遷都

※ 唐と新羅・倭国の対立関係

　高句麗侵略戦争を再開した唐に恐れを抱いた中大兄（天智）は 667 年 3 月飛鳥から近江に都を移します。この時の様子は『日本書紀』天智 5 年（666）是年条に次のように書かれています。

　　　この冬に京都の鼠が近江に向かって移動した。百済の男女 2000 人余りを東国に住まわせた。百済の人々にはすべて僧も俗人も癸亥の年（百済滅亡の 663 年）から 3 年間、全員に官の食糧が支給された。倭漢の僧智由が指南車（磁石の付いた車）を献上した。

　668 年（天智 7）9 月 12 日新羅が使者金東厳（新羅第 17 等官の第 9）を倭国に派遣します。『日本書紀』天智 7 年条には次のように書かれています。

　　　9 月 26 日中臣内臣（鎌足）は僧法弁・秦筆を遣わして新羅の上臣大角干（新羅 17 等官の最高位）金庾信に船 1 艘を与え、これを金東厳らに託した。
　　　また 29 日布勢臣耳麻呂を派遣して新羅王（第 30 代文武王、在位 661-681）に船 1 艘を贈り、これを金東厳に託した。さらに 11 月 1 日新羅王に絹 50 匹、綿 5 百斤、なめし皮百枚を贈り、これも金東厳に託した。5 日道守臣麻呂・吉士小鮪を新羅に遣わし、この日金東厳らは帰国した。

新羅が11年ぶりに倭国に使者を派遣した見返りとして内臣の藤原鎌足が金東厳に船や絹を贈与したというこれらの記事は、唐に不信感を持ち始めた新羅が倭国との交流関係を求め、一方唐の侵略を危惧した倭国は新羅との修交を求めていたことを物語っています。

　唐と新羅の相互の不審・対立はすでに百済侵略戦争の660年前後に生まれましたが、663年4月高宗が新羅の文武王を鶏林州都督に任命した時から両者の対立は激化します。

　『三国史記』新羅本紀によると、唐は倭国征伐を口実に新羅を討とうとします。また百済の女性を新羅の漢城州都督に嫁がせ、新羅の武器を盗ませようとします。また高宗は新羅が百済の土地と住民を勝手に取ったとして新羅の使者を拘留します。

　670年（天智9）6月唐軍と戦っていた高句麗復興軍が、元高句麗の大臣の子安勝を王にしたいと文武王に近づきます。新羅文武王は8月安勝を高句麗王に封じます。675年（天武4）新羅は旧百済の領域と大同江以南の旧高句麗の領域を支配するようになります。

　新羅の支配を断念した唐は676年（天武5）平壌の高句麗旧域の管理を目的する安東都護府を遼東故城（中国遼寧省遼陽市）に移し、熊津にあった熊津都督府を新城（遼寧省撫順市）に移転します。

※ 直木幸次郎の指摘

　こうした唐と新羅の対立関係を背景に、大友皇子（弘文、天智の子）と大海人＝古人大兄（天武）による壬申の乱は起こるべくして起こったと言わざるをえません。天智天皇は弟大海人（天武）を病床に呼んで「私は重病である。後事をお前に譲りたい」と言いながら、その10ヵ月前に大友皇子を後継者の地位に定めました。

　『日本書記』天智10年（671）正月5日条に「中臣金連が神事を天皇の言葉として述べ、この日、大友皇子を太政大臣に任じた。蘇我赤兄臣を左大臣、中臣金連を右大臣とした。蘇我果安臣・巨勢人臣・紀大人臣を大納

言とした」と書かれています。

　「壬申の乱」の研究者の間では、東宮大皇弟こと大海人（天武）がいるのに大友皇子が皇太子になったとかならなかったとか、即位したとかしなかったとか等々の論争がありますが、そもそも大海人が天智の弟でなく兄であり、馬子の娘法提郎媛を母にもつ古人大兄と同一人物であることを知るならばあまり意味のある論争とは言えません。

　この時期の天智と天武の関係を直木幸次郎は次のように分析しています。ただし直木幸次郎が天武は天智の兄であり、古人大兄と同一人物であるとは認識していないことを前提に次の引用文（『古代国家の成立』「壬申の乱」）を参考にしていただければ幸いです。

　　天智天皇には皇子が4人あり、その1人は幼くして死んだ。3人のうち最年長が大友皇子である。しかし大友皇子の母は伊賀出身の采女であって、宮廷の身分は余り高いとはいえない。大化改新以前において国造（くにのみやつこ）や県主（あがたぬし）などの地方豪族は、朝廷に服属したしるしとして一族の中の女性を天皇の下に差し出す習慣があり、朝廷ではこれを采女といって女官にもちいた。その伝統は大化後も続いている。

　　大友皇子の母はたぶん伊賀の国造家である伊賀臣の出であろう。天皇一族や畿内の有力豪族から出ている妃に比べるとはるかに低い身分である。これに比べて大海人皇子の母は天皇の母である斉明（皇極）である。血すじから言えば比較にならない。

　　そのうえに天皇に有力な弟があるばあい、子よりさきに弟に皇位を継承させるのが当時の慣例である。天智天皇も中大兄皇子時代には、自分の後を大友皇子に継がせようとは考えなかったであろう。しかし中大兄もいよいよ天皇になり、現実に皇太子のことを考える段階にいたると、微妙に心が動いたのではなかろうか。

　　大海人皇子のほうは、鵜野皇女（持統）との間に草壁皇子、大田皇女の間に大津皇子と、天智即位前に少なくとも2人の有力な皇子をもうけている。大海人皇子が皇位につけば、その皇子たちが後を継ぐこ

とが当然考えられる。天智系の皇子に皇位が回ってくる可能性はますます少なくなる。

　先述しましたように、実際には天智天皇は大友皇子を太政大臣に任じ、蘇我赤兄臣を左大臣、中臣金連を右大臣とし、蘇我果安臣・巨勢人臣・紀大人臣を大納言としました。このことについて直木幸次郎は次のように述べています。

　　太政大臣が官職として正式に任命されるのはこれが最初である。左右大臣は長い間欠員のままであった。左右大臣がそろうのは658年（斉明4）以来のことである。御史大夫はのちの大納言に相当するが、この時はじめて史上にみえる官職である。
　　この事情を考慮にいれると、新人事はたんなる内閣改造ではなく、大友皇子を中心とする新しい政府首脳部が、まったく新しい構想のもとに成立したことを意味する。はっきりいえば大海人皇子はのけものにされたのだ。そのつぎに天皇を助けて政治を執る太政大臣の大友皇子が左右大臣をひかえている朝廷のどこに大海人皇子の席があるというのか。大皇弟という称号はかわらなくても、かれの地位が政治の場から浮き上がったことはだれの目にも明らかである。

※ 大海人一行、吉野に入る
『日本書紀』巻第28 天武天皇即位前紀に「天武は天命開別天皇（天智）の同母弟である。幼少の時は大海人皇子と呼ばれた。天皇は生まれながらに、人に抜きんでた姿であった。成年の天武はたいそう勇猛で、人間わざとは思えぬ武徳があり、天文・遁甲に優れていた」と書かれています。
　「天文・遁甲に優れていた」というからには、天武がいわゆる「陰陽五行」に興味関心があったと見てよいでしょう。天武の吉野逃避行は天文・遁甲の素養に無関係ではありません。
　天武天皇が構想した『日本書紀』冒頭の「古に天地未だ分れず、陰陽

分れず、混沌として鶏子の如く、溟涬にして牙を含めり」がよい例です。しかし、大海人皇子（天武）がいわゆる陰陽五行に知悉して吉野行きを敢行したのかどうかは定かではありません。

　天智天皇 4 年（称制時代を含めると天智 10 年＝ 671 年）10 月 19 日の夕方、大海人一行は島宮に入ります。島宮は明日香村島庄にある馬子の墓（石舞台古墳）のすぐ側にあります。一行は島の宮に泊まり、翌朝、飛鳥川の上流に沿って栢森を通り過ぎ、芋峠を越えて吉野川を渡り宮滝（中荘村）に入りました。

　古来、栢森一帯は加羅系渡来人の集落と言われていますが、栢森から 1 つ下流の集落である稲淵には南淵請安の墓があります。皇極天皇が雨乞いしたという稲淵小字宮山には飛鳥川上坐宇須伎比売命神社があります。

2　天智天皇の死

※ 郭務悰の倭国来朝

　大海人一行が吉野に到着したのはこの年（671）10 月 20 日です。「天智紀」によれば、大海人一行が吉野に到着して約 1 ヵ月後の 11 月 23 日、大友皇子は左大臣蘇我赤兄臣・右大臣中臣金連・蘇我果安臣・巨勢人臣・紀大人臣らを従え、近江宮近江（大津宮錦織遺跡）中西殿の仏像の前に畏まります。

　大友皇子は手に香炉をもち「6 人は心を 1 つにして天皇の詔に従おう」と宣言します。蘇我赤兄臣らもそれぞれ香炉をもって、「天皇の詔に背くことがあるならば、四天王が打ちのめすことでしょう」と応えます。そして 6 日後の 11 月 29 日 5 人の臣が大友皇子を奉じて、天皇の御前で盟約します。天智天皇が死去したのはそれから 4 日後の 671 年 12 月 3 日でした。

　朝鮮半島では 1 年前から新羅の対唐独立戦争が始まっています。天智が死去する約 1 ヵ月前の天智 10 年（671）11 月 10 日、対馬国司が使者を大宰府に派遣して次のように報告してきました。

僧道久ら4人が唐からやってきて「唐国の使者郭務悰ら600人、送使ら1400人、合計2000人が船団47隻に乗って比知島（巨済島南西の比珍島）に停泊中だが、かの地（倭国）に入国すれば、人数も多く、船団も多いので驚くといけない。あらかじめ道久らを派遣して来朝の旨を明らかにするようにせよ」とのことです。

※ 親新羅派の大海人皇子

　郭務悰の倭国来朝の目的は統一新羅（新羅の独立戦争）に対する出兵を意図したものです。当然、倭国内は親唐反新羅派と反唐親新羅派が対立します。天智政権が郭務悰らを饗応したことや、郭務悰に武器その他を贈ったことは、天智が唐の要請に応じたものと解釈してよいでしょう。『日本書紀』の天武即位前紀から元年（672）条にかけて次のように書かれています。

　　12月（671）天命開別天皇（天智）が亡くなった。元年（672）3月18日阿曇 連稲敷を筑紫に派遣して天皇（天智）が亡くなったことを郭務悰に伝えた。郭務悰らは喪服を着て3度哀の礼を奉り東に向かって深く首を垂れた。同月21日郭務悰らは再拝して書函（国書を納めた箱）と進物を献上した。
　　5月12日甲・冑・弓矢が郭務悰らに供与された。この日郭務悰に与えられた賜物は全部で絁1673匹・布2852端・綿666斤である。30日郭務悰らが帰国した。

　唐と新羅の戦争は倭国内の矛盾を激化させますが、壬申の乱は新たな倭国の民族独立へのきっかけとなります。当時の大海人（天武）が親新羅派であったことは、即位後の天武政権による遣唐使は1回もありませんが、遣新羅使は4回、新羅からは8回も倭国に派遣されていることからも明らかです。

　郭務悰らが帰国するやにわかに倭国内は物騒になります。大友派と大海人派のどちらが戦争を仕掛けたのかは定かでありません。大友皇子が左大臣蘇我赤兄臣ら 6 人と誓約したのは天智 10 年（671）正月 2 日ですから、それを機会に大海人派は「機が熟した」と判断し大友政権打倒の準備を始めたのでしょう。壬申の乱は郭務悰らの帰国に端を発しています。天智の死によって親新羅の大海人らはそれまでの唐の圧力と制約から解放されたのでしょう。

3　大海人皇子の決起

※ 朴井連雄君の報告

　『日本書紀』巻第 28 天武元年（672）5 月条によれば、朴井連雄君（えのいのむらじ お きみ）は大海人皇子に「私は私用のためひとりで美濃に行きましたところ、朝廷は"山陵を造るためにあらかじめ人夫を指名しておけ"と命じました。しかるに人夫それぞれに武器を持たせております。これは山稜を造るためではありません。かならず事件が起きるでしょう」と報告します。

　またある人が「近江京から倭京に至る道のあちこちに斥候（せっこう）が置かれています。また菟道の橋守に命じて、皇大弟の宮の舎人が私用の食料を運ぶことを阻止しております」と報告します。

　大海人皇子はこれに対して「私が皇位を譲って遁世したのはひとりで病を治して天寿を全うするためである。ところが今、禍（わざわい）をこうむろうとしている。このまま黙って身を亡ばすわけにはいかない」と応えます。

　天武元年（672）6 月 22 日、大海人は村国男依・和邇部臣君手・身毛君（むげのきみ）広に「今から出発して安八磨郡（あ はちまのこおり）の湯沐令多臣品治（ゆのうながしおおのおみほんじ）に計略を告げて、不破道（ふ わの みち）（古代東山道の関所の 1 つで、現在の岐阜県不破郡関ケ原町）を防ぎ止めよ。私もこれから出発する」と命じます。この日（672 年 6 月 22 日）が「壬申の乱」の始まりと言ってよいでしょう。

　ちなみに『天武天皇』（岩波新書）の著者川崎庸之は村国男依・和邇部

臣君手・身毛君広について「この3人はいずれも美濃国から出た人であったと考えられる。男依は各務郡村国郷、君手は池田郡額田部、そして広は武芸郡有知郷のそれぞれその土地に根をはった出身者であったとみていい」と書いている。

3人の使者が出発した後、2日おいて6月24日大海人が東（東海道は伊賀以東、東山道は美濃以東をさす）に入ろうとしたとき、臣下の1人が「近江の群

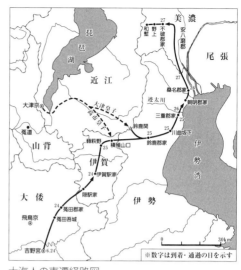

大海人の東遷経路図

臣はもともと謀略を企んでいます。道路は通行止めです。1人の兵も従えず東に入ることはできないでしょう」と報告します。

そこで大海人は村国男依（近江方面の軍将）を呼び戻そうとして、すぐに大分君恵尺（おおきだのきみえさか）・黄書造大伴（きふみのみやつこおおとも）・逢臣志摩（おうのおみしま）を留守司高坂王（るすつかさたかさかのおおきみ）（飛鳥京を守る司）のもとに派遣し、「もし駅鈴が手に入らなければ志摩はすぐに引き返して報告せよ。また恵尺は近江に急行し、高市皇子・大津皇子を呼び出したうえ、伊勢で私に合流せよ」と命じます。

しかし高坂王は駅鈴を渡そうとしません。そのため恵尺は近江に向かい、志摩はすぐ引き返しそのことを大海人に伝えます。この日大海人一行はことが急であるため徒歩で出発します。途中、馬に乗った県犬養連大伴（県犬養飼部を率いる首長。天武13年12月宿禰賜姓）に出会います。大海人は犬養の馬に乗り、皇后（持統）を輿に乗せ後につき従わせます。津振川（つふる）（宮滝から約5kmの津風呂川）まで来たとき、乗物が届いたので大海人はこれに乗ります。

※ 大海人の親衛隊

　当時の状況を『日本書記』天武天皇元年（672）6 月 24 日条は次のよう
に伝えています。

　　この時、初めから従った者は草壁皇子、忍壁皇子および舎人朴井連
　　雄君・県犬養連大伴・佐伯連大目・大伴連友国・稚桜部臣五百瀬・書
　　首 根磨呂・書 直 智徳（天武 10 年連姓名。没年未詳。『続日本紀』に贈
　　大壱とある）・山背直小林・山背部小田・安斗 連 智徳（物部系氏族、天
　　武 13 年 12 月宿禰賜姓）・調 首 淡海（百済系渡来氏族）など一族 20 人
　　余り、女儒 10 人余りである〔訳者頭注：『釈紀』所引によれば、安斗も
　　調首もそれぞれ壬申の乱の手記を残している〕。

　大海人皇子一行の従者の 1 人である舎人朴井連雄君（壬申の乱の戦攻に
より内大柴、氏上を賜る）ですが、『日本書紀』孝徳天皇大化元年 9 月 3 日
条の訳者頭注は「古人大兄謀略の 5 人の中の 1 人として登場する物部朴井
連椎子は斉明天皇 4 年（658）11 月 5 日条に有馬皇子の家を兵で取り囲む
物部朴井連鮪と同一人物でないか」と指摘しています。

　すると天武の舎人朴井連雄君と古人大兄の謀略に加担した物部朴井連椎
子と有馬皇子（孝徳天皇の皇子）の処刑に加担した物部朴井連鮪は、一貫
して天智・天武の親衛隊（武力を任務とする）として活躍した可能性があ
ります。であれば最初から天武に同行した舎人朴井連雄君の存在は、古人
大兄＝大海人＝天武天皇の証拠にもなります。

　ここで読者の皆さんのために参考として付記しておきますが、大海人の
従者 50 人余のなかには書首根磨呂・書直智徳・安斗連智徳のような記録
を職務とする人物もいたことを忘れてはなりません。

※ 高市皇子の合流

　大海人一行が宇陀の吾城（大宇陀町の神楽岡か）に着いたところで、大
伴連馬来田・黄書 造 大伴が吉野宮から追いつきます。このとき屯田司の

舎人土師連馬手が、大海人の従者に食物を提供します。また大伴朴本大国を首領とする猟師の1団20人が大海人一行に従います。そこで美濃王（壬申の乱の功績によりのち天武朝で高市大寺司に任じられる）に呼びかけて一行に加えます。

　途中、湯沐の米を運ぶ伊勢国の荷役の馬50匹に菟田 郡 家の辺で遭遇します。その米を全部捨てさせ、一行の徒歩の者を乗せます。その日の夜大海人一行は隠郡（三重県名張市）に着き、隠駅家を焼き、「天皇が東国に入るので、人夫の者は参集せよ」と呼びかけますが、誰も集まりません。横河（名張市黒田・結馬あたりか）まで来ると黒雲が現われたので伊賀の駅家に急ぎます。伊賀の中山まで来ると数百人の軍衆を率いた郡司らが帰順（服従）してきました。

　大海人一行は25日の早朝萩秋野に着きます。萩秋野は三重県上野市の東北部一帯です。食事をして積殖山口まで来ると、近江から高市皇子（天武の第1皇子、母は胸形君徳善の娘尼子）が鹿深（近江甲賀郡）を越えて大海人一行に合流します。

　大海人一行は合流軍の高市皇子とともに伊勢と伊賀の国境大山を越えて伊勢の鈴鹿に着きます。鈴鹿山脈と布引山地の峠にある大山は加太越とも呼ばれます。

　国守三宅連岩床・介三輪君子首・湯沐令田中臣足麻呂・高田首新家らが大海人一行のいる鈴鹿で合流し、そこで500人の軍兵で鈴鹿山道を塞ぎ止めます。川曲の坂下で日が暮れたので、皇后（持統）は輿を止めて休みます。

　※ 湯沐令とは？

　ところで壬申の乱にたびたび登場する「湯沐令」というと聞きなれない言葉は何を意味しているのでしょうか。筆者の調べたところではおおよそ次の通りです。「湯沐令」とは「湯沐邑」（斎戒沐浴のための邑）を管理する長官のことのようです。古代中国周の制度として始まり、前漢・後漢になると、湯沐邑は皇太子・皇后・皇太后その他皇族に与えられます。

　湯沐邑の所有者は統治権はもたず、税収のみ手にいれます。すると「壬申紀」に見える湯沐邑はこの漢代の制度を踏襲したものと考えることができます。壬申の乱に登場する多臣品治（太安万侶の父）と田中臣足麻呂の2人は美濃国の湯沐邑の長官だったのではないでしょうか。すると湯沐邑が大海人皇子（天武）に与えられていた領地であったと推測することが可能です。

　大海人こと天武が湯沐邑と極めて密接であったからこそ、大海人は島宮から吉野に直行し、その吉野から出発する前に乱の挙兵を湯沐令に命じることができたのです。多臣品治が湯沐令であった美濃国安八磨郡（後の安八郡）は、現在の大垣市を中心とする南の安八町・輪之内町、北の神戸町・池田町を地域とする一帯と思ってよいでしょう。

　JR 東海道線の関ヶ原駅を基点に北は伊吹山地、南は養老山地、その2つの山地を結ぶラインの東側が当時の東国と考えられます。してみれば湯沐邑は大海人＝古人大兄が皇太子時代に与えられていた東国の領地であったと考えられます。

　つまり乙巳のクーデター（645・6・12）以前においても皇位継承のナンバー2の地位（皇太子）にあった古人大兄＝大海人＝天武はすでに「東国」に湯沐令をもっていたのでしょう。しかし中大兄と藤原鎌足のクーデターによって蘇我王朝（馬子・蝦夷・入鹿）は滅ぼされ、古人大兄＝大海人＝天武の湯沐邑も没収されます。

　ということは大王馬子の娘法堤郎媛と舒明の間に生まれた古人大兄＝大海人は大王馬子からの遺産（東国）である湯沐邑や皇太子の地位を剥奪されたことを意味しています。壬申の乱は古人大兄＝大海人の領有権と地位の復活の戦いであったと考えるのが合理的です。ちなみに直木幸次郎は大海人一行を出迎えた国司や湯沐令について「通説では伊勢国のそれとするのが、私は美濃国からかけつけたと考える」と指摘しています。

　※ 天照大神を望拝
　川曲は鈴鹿川左岸の平野部にあたり、今の鈴鹿市の東部です。川曲の辺

りから急に寒くなり、雷が鳴り、雨が激しく降り出しました。一行は三重郡家に急ぎ、家屋を1軒焼いて凍えた者を暖めます。この日の夜中、鈴鹿関司の使者による「山部王・石川王（いずれも系譜未詳）が共に帰順するために参上しました。それで関に留め置きました」という報告があり、大海人はすぐ路直益人に2人を迎えにやらせます。

26日大海人一行は朝明郡の迹太川の辺りで、天照大神を望拝します。この辺りは四日市市の北部と三重郡菰野町の北半および朝日町・川越町です。大海人がアマテラスを揺拝した迹太川は現在の朝明川です。この大海人の揺拝の記事は、通説では近江側と戦っていた大海人が伊勢神宮の祭神アマテラスに戦勝祈願をしたことになっていますが、この時大海人が遥拝したのはアマテラスではなく、崇神天皇の霊アマテルです。

大海人がアマテルを拝んだのは尾張連系の大海氏に養育された大海人が加羅系日神アマテルを拝むことによって、味方についた湯沐令多臣品治ら加羅系豪族の信頼を得るためです。尾張連はアメノホアカリ（天火明命）（『古事記』に登場する火の神）を祖とする天皇家の系譜に繰り込まれている加羅系崇神王家の後身だからです。

さてちょうどその頃大海人が使いに出した路直益人が大津皇子と一緒に戻って来て「関に留め置かれていた者は、山部王・石川王ではなく大津皇子でした」と報告します。近江から駆けつけた大津皇子（天武の皇子で母は天智の皇女大田皇女。同母姉に大来皇女）と一緒に大分君恵尺・難波吉士三綱・駒田勝忍人・山辺君安摩呂・小墾田猪手らがつき従い伊勢東部の朝明に到着しました。

そこへ近江方面武将村国男依が駅馬に乗って駆けつけ「美濃の軍勢3000で不破道を防ぐことができました」と報告します。大海人は高市皇子を不破に派遣し、山背部小田・安斗連阿加布を東海道、稚桜部五百瀬・土師馬手を東山道に派遣して兵を起こさせます。

※ 不破に入る大海人

大海人が東国に入ったことを知った近江朝は大いに動揺します。「どの

ように計ればよいか」と大友皇子。「策謀が遅くなるほど、遅れをとります。早急に勇敢な騎兵を集めて、追い討つのがよいと思います」と進言する者がいましたが、大友皇子はその案をとりあげず韋那公磐鋤・書直薬（東漢）・忍坂直大摩呂を東国に派遣し、穂積臣百足と弟五百枝・物部日向を倭京に派遣し、また佐伯連男を筑紫に、樟使主磐手を吉備国に派遣し、これらの国々すべてに兵をおこさせようとしました。

　そして大友皇子は男と磐手に次のように命じます。「筑紫大宰の栗隈王と吉備国守当摩公広島はもともと大皇弟（大海人）に付き従っていた。背くような気配をみせたら殺せ」と命令します。かくて磐手は広島を殺し、佐伯連男は栗隈王に逆に説得され空しく帰ります。また東国に派遣された韋那磐鋤らも捕虜にはならなかったが、辛うじて生きて帰ります。

　大友皇子側がそうこうしているうちに、6月27日高市皇子が桑名郡家に使者を派遣して「君がお側にいないのではなはだ不便です」と伝えてきたので、大海人は皇后（持統）をそこに留めて自分は不破に入り、和蹔に出向いて軍事を検分したのち、また野上（岐阜県不破郡関ケ原町の東部）に戻ります。

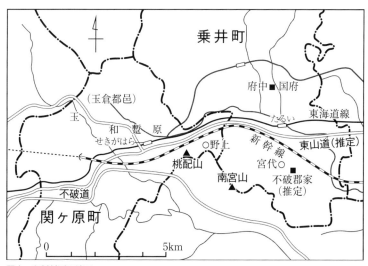

野上・和蹔付近の地図

野上は岐阜県不破郡関ヶ原の東部で、和蟄は柿本人麻呂の高市皇子への挽歌に見える「高麗剣和射見が原の行宮に天降りいまして」の「和射見」です。現在の関ヶ原の地であることは確かとされていますが関ヶ原のどこかは特定されていません。

　また人麻呂は高市皇子の挽歌（『万葉集』巻21−199）で「捧げたる幡の靡きは冬ごもり春さり来れば野ごとにつきてある火の風共靡くがごとく」と歌っていますが、人麻呂は大海人軍の捧げた赤旗が靡く様を風に靡く野火にたとえています。『日本書紀』は陰陽五行思想「木・火・土・金・水」の「火＝火徳」にもとづき、自らを赤帝の子とする漢高祖にならって大海人（天武）を火徳の王として描いています。

※　上毛野国からの徴兵

　6月27日尾張の国守小子部連鉗鉤が2万の兵を引き連れて大海人に帰順します。これによって壬申の乱の形勢は大海人皇子の側に有利な流れとなります。ところで尾張の国守小子部連鉗鉤が2万の兵力を動かしたことについて、後の歴史学者は5月に近江朝廷が山陵造営のためと称して美濃と尾張の人夫を動員し、大海人皇子を討つために用意させた兵力が、国司の判断で大海人皇子側についたとしています。大海人皇子はこの日野上（岐阜県不破郡関ヶ原町野上）に行宮を設けます。

　『群馬県史』（通史編2原始古代2、「第1章古代国家の形成と上毛野国」の「3節壬申の乱と東国」）の執筆者の1人関口功一が「尾張国守の国守小子部連鉗鉤の2万の兵」について指摘する次の論文は日本古代史解明において地方史がいかに重要であるか示しています。

　　大海人軍の総兵力は天武7月2日の正面・側面攻撃の2軍合わせて10万以上とみてよいであろう。その中には尾張の守の小子部連鉗鉤が率いた2万、不破の道を確保した美濃の兵3000などが含まれていたことはまず疑いがない。

　しかし『日本書紀』天武天皇元年（672）6月26日（丙戌）条によ

れば東海・東山道諸国からの徴発兵は東国の兵であったと推定される。ここで「東山の軍」は『釈日本紀』引用の「私紀（日本紀私記）」の文によって「信濃の兵」と知られ、また大掌握している大伴吹負の麾下に「甲斐の勇者」がいるので、信濃・甲斐国に徴兵が及んだことは事実であろう。

しかしすでに掌握している美濃のほかに徴発した「東山の軍」が『釈日本紀』の伝えるように「信濃の兵」のみであったとは、『日本書紀』の記載を信じる限り、考え難い。「東山の軍」のうちに上毛国、あるいは下毛野国の兵なども含まれていたとみる方が自然である。

壬申の乱に上毛野国の兵が動員された証拠はない。ただし同国内に本貫地をもった可能性のある氏族で、乱に参加して名をとどめた者はいる。佐味君宿那麻呂は、大伴吹負の下で活躍し、吹負軍が飛鳥古京の攻略に成功した際、そのことを大伴連安麻呂・坂上直老とともに不破宮の大海人に報告する使者に立った。

その後大津京を目指した吹負軍が古京から乃楽（奈良市）に向かう途中、河内方面からの朝廷軍来襲の報に接して備えた時、宿那麻呂は数百人の兵で大坂の道（奈良県北葛城郡香芝町逢坂。二上山北の穴虫峠）を守った。

宿那麻呂（少麻呂）は天武天皇13年（684）に朝臣姓を賜り、翌年の14年（685）には直公肆で山陽道巡察使、持統天皇3年（689）には撰善言司に命じられている。佐味の本貫はもと1地域とみられる上野国緑野佐味郷（多野郡新町付近）・同那波郡佐味郷（佐波郡玉村町南部）の地と推定されている（本書「おわりに」の上野三碑の項を参照）。

※ 大伴吹負の活躍

6月29日大和では大伴吹負（大伴馬来田の弟）が飛鳥古京の近江側の守備隊を急襲して、さらに大和全域を支配下におさめます。大伴吹負の活躍を『日本書紀』は次のように描写しています。

吹負はまず秦 造 熊毛にふんどし姿で馬を走らせ、寺（飛鳥寺）の西にある軍営（甘樫丘に近辺）で「高市皇子が不破から攻めて来た。多くの軍衆が付き従っている」と大声で叫ばせた。

　ちょうど近江朝廷から倭京で留守司高坂王と挙兵させるために派遣されていた穂積臣百足らは飛鳥寺近くに軍営を設けた。百足が小墾田の武器庫から近江に武器を運ぼうとしていた矢先であった。

　熊毛の叫び声を聞いた営中の軍衆はみな散り散りになって逃げた。そこへ吹負が数十騎の騎兵で急襲すると、熊毛らは一斉に吹負に呼応した。吹負は高市皇子の命令と称して穂積臣百足を小墾田（奈良県高市郡明日香村。甘樫丘の東北）の武器庫から呼び出した。何かと思った百足は馬に乗ってゆっくりと飛鳥寺西の槻の木の下にやってきた。いきなり、だれかが「馬から降りよ」と命じたが、百足は降りようとしない。そこで百足は矢を射られてその場で斬り殺された。かくして吹負は高坂王・稚狭 王 を自分の指揮下に入れた。

　やがて吹負は大伴連安麻呂・坂上直老・佐味君宿那麻呂（少麻呂）を不破宮の大海人に派遣し、その状況を報告した。大海人は大いに喜んで吹負を将軍に任じた。この時三輪君高市真麻呂・鴨君蝦夷らと豪族が将軍吹負の指揮下で近江討伐の作戦を練った。

　７月１日吹負は近江を襲撃しようとして乃楽（奈良）に向かいますが、河内方面から近江軍が攻めてくると聞いて、坂本臣財に高安城（奈良県生駒郡平群町と大阪府八尾の境界）を占領させます。

※ 大海人軍一進一退

　７月２日大海人皇子は紀臣阿閉麻呂らに数万の兵を率いて伊勢方面から大和に向かわせ、村国男依らに数万の兵で不破から近江に侵攻させます。対して近江方も山部王・蘇我果安らが数万の兵をもって不破を襲撃しようとしましたが、山部王が蘇我果安に殺されたため襲撃は失敗します。この日坂本財らは高安城を下り、近江方の将軍壱伎史韓国の軍と河内の衛我

川（石川）で戦って敗れます。

　7月4日吹負は乃楽山で近江方の将軍大野君果安と戦いますが大敗します。追ってきた果安は飛鳥古京に伏兵がいることに恐れて引き返します。以後数日間は近江軍は諸道から大和に侵入し、逃走中の大伴吹負は大和の隅坂（奈良県宇陀郡榛原町西方の坂）で、紀阿閉麻呂が救援のため派遣した置始連菟が率いる大軍と会い、金綱井（橿原市今井町）に戻って四散した兵を集め、二上山の東山麓の当麻の村で侵攻してきた壱伎韓国の軍と戦い、これを破ります。

　この頃東方から大海人皇子軍が多数到着し、上・中・下の道（奈良盆地を南北を貫く三本の幹線道路）に駐屯しました。間もなく犬養連五十君が率いる近江軍が中つ道を南下し、別将廬井造鯨を遣って吹負が留守の金綱井の本陣を攻めますが、本陣の兵らが激しく射たので鯨の兵はひるんで進むことができません。

　上つ道では吹負側の三輪君高市麻呂と置始菟が箸墓古墳のほとりで近江軍を撃退するとともに、吹負を攻撃していた鯨の部隊の退路を断ったので部隊は四散しました。吹負らが金綱井に駐屯していた時、高市郡の大領（長官）高市県許梅が神がかりのようになって「神日本磐余天皇の陵に、馬及び様々な兵器を奉れ」という出来事がありました。

　ちなみに神日本磐余天皇とは神武天皇のことです。当時、神武天皇陵は実在していません。したがって大伴吹負が自軍を奮起させるために許梅に神がかりさせた天皇陵は誉田陵（応神陵）です。応神天皇は武人の神として拝まれていたからです。

　※ 村国男依、近江軍に大勝

　7月5日近江軍の別将田辺小隅の部隊は、鹿深山（甲賀の山）を越えて伊賀に侵入し、夜半に倉歴（三重県阿山郡伊賀町上柘植町倉部）の田中臣足麻呂の陣を急襲します。7月6日田辺小隅はさらに荊萩野（三重県上野市佐那具）の多品治の陣を襲いますが、撃退されます。7月7日村国男依らは近江軍と息長の横河（滋賀県坂田郡米原町）で戦い、これを破ります。7

月9日村国男依らは近江の将軍秦友足を鳥籠山（とこ）で斬ります。7月13日村国男依らは安河（野洲川）のほとりで近江軍に大勝します。

7月17日から22日にかけて村国男依らは栗太（くりもと）（滋賀県栗本郡）の近江軍を破り、瀬田に到達します。瀬田の橋の西に近江軍は陣営を構え、後方の陣は見えないほどですが、激戦の上瀬田橋を奪取します。大友皇子・左右大臣らは逃走し、村国男依らは粟津（滋賀県大津町膳所）の岡に集結しました。

大友吹負は大和の地を完全に平定し、大阪の国境を越えて難波に入り、小郡（おごおり）に滞留します。吹負の配下の別将らは南大和の上・中・下の3道から北上し、山前（やまざき）（京都市乙訓大山崎町）の淀川の南に駐屯します。

7月23日村国男らは犬養五十君らの近江の将軍を粟津で斬ります。大友皇子は山前で首をくくって死にます。

この時、左右大臣と群臣はみな散り散りに逃亡しており、ただ物部連麻呂と一、二人の舎人だけが皇子に従っていました。この物部連麻呂は、のちに赦されて遣新羅大使となり、701年に大納言となって以後、政治の中枢に携わり、右大臣、左大臣に任じられ、717年で死去するまでの数年は太政官の最高位者であった話は稿を改めてお話しすることにします。

7月24日大海人皇子の将軍らは大津宮に集まり、左右大臣や罪人らを探索し、逮捕します。7月26日大海人皇子の将軍らは大海人皇子の不破宮に向かい、大友皇子の頭を大海人皇子の軍営の前に捧げます。

8月25日大海人皇子は高市皇子に命じて、右大臣中臣金を死刑、左大臣蘇我赤兄・巨勢臣比等（ひと）を流刑に処します。9月12日大海人皇子は倭京に入り、翌673年（天武2）2月飛鳥浄御原宮で即位します。

4　大海人皇子はなぜ壬申の乱に勝利したか

※ 嫡系継承制

大海人皇子が継体系大王家の田村皇子（舒明）の摘出の長子であること

は先述した通りです。田村皇子は大王馬子の娘法提郎媛を妻としました。当時、通説では皇位の継承は兄弟相承制が普通であったとされていますが、『元興寺縁起』（元興寺伽藍縁起并びに流記資材帳）は大王入鹿のことを「林太郎」と書いています。

　入鹿は大王ですからすでに蘇我王朝の時代から嫡系継承制（馬子→蝦夷→入鹿）がとられていたと考えられます。『日本書紀』によれば645年の乙巳のクーデター後に中大兄が即位しなかったのは、中臣鎌足が「古人大兄は殿下の兄君、軽皇子（孝徳）は殿下の叔父君です。今、古人大兄がいらっしゃるのに、殿下が天皇の位につかれたら人の弟としての謙遜の心に反することになるでしょう」と忠告しています。

　このことは大海人＝古人大兄が嫡子（舒明の長子）であったことを意味しています。つまり中大兄（大海人＝古人大兄の弟）は何か特別のことがないかぎり即位することはできません。667年に中大兄が嫡子大海人＝古人大兄より先に即位したのはきわめて異例のことであったのです。しかし中大兄は藤原鎌足の協力を得て乙巳のクーデターで蝦夷・入鹿を倒すという"特別"なことやってのけました。

　しかし「嫡系継承制＝不改常典」こそ正統な皇位継承者であると主張し、かつ大友皇子を篡奪者とみなして挙兵した大海人＝古人大兄に対して、多くの王族や蘇我系の豪族が大海人皇子側にまわったことは壬申紀からもみることできます。

　尚、「不改常典」については『続日本紀』元明天皇慶雲4年（707年）7月17日条の元明天皇の詔にはっきり示されています。

　　　口に言うのも恐れ多い藤原の宮で天下を統治された持統天皇は、丁酉（文武天皇元年8月）に、この天下を治めていく業を、草壁皇子の嫡子で、今まで天下を治めてこられた天皇（文武）にお授けになり、2人ならんでこの天下を治めてこられた。これは口にもいうのも恐れ多い近江の大津の宮で天下を統治された天智天皇が、天智とともに長く、日月と共に遠くまで改まることのない常の典（不改常典）として

定められ、そのことを実施された法を受け継ぎ行われることである。
（略）

　このようなわけであるから、親王を諸王・諸臣・百官の人たちが浄<ruby>浄<rt>きよ</rt></ruby>く自分を助け補佐してくれることによって、この天皇の統治する国家の<ruby>政<rt>まつりごと</rt></ruby>は平安で長く続くであろうと思う。また天地と共に永遠に改まることのない掟として立てられた国家統治の法も傾くことなく続いてゆくことあろうと思う。

　また皇室のはるかな先祖の時代から始まって、代々の天皇の時代に天皇が天つ<ruby>日嗣<rt>ひつぎ</rt></ruby>として<ruby>高御座<rt>たかみくら</rt></ruby>（皇位）につかれ、国家天下を撫で<ruby>慈<rt>いつく</rt></ruby>しまれてきたのは格別のことではなく、人の親が自分の児を教育するように治められて来たことにあると、神として思う。

　ここで問題になるのは元明天皇の「天智天皇の定めた改わることのない常の典（不改常典）」です。なぜなら天武王朝の天皇である元明が「天智が不改常典を定めた」と公表することはおかしいからです。もし天智が「不改常典」を定めたとすると、その継承法を破って大友皇子を殺した天武＝大海人皇子は簒奪者となります。

　元明は天智の娘ですが天武王朝の天皇です。天武の子孫の王族たちが多数いる前で自分の王朝の始祖天武を簒奪者とするようなこと発言するわけがありません。すでに多くの学者・研究者は「不改常典は存在しなかった」と指摘しています。

　しかし古人大兄＝大海人＝天武とする石渡信一郎は「天智の定めた不改常典」は、本来は元明天皇による即位の宣命には「天武の定めた『不改常典』」と書かれていたと次のように指摘しています。

　元明（草壁の妻）が生んだ文武は707年（慶雲4）に死んだが、この時文武の子の<ruby>首皇子<rt>おびと</rt></ruby>（後の聖武、母は藤原不比等の娘宮子）は7歳であった。孫の首皇子に皇位を継承させたいと望んだ元明は、自分が即位して首皇子が太子になれる年齢まで皇位についていようと考えた

のである。そこで元明は首皇子の母方の祖父不比等と相談して、子（文武）から母（元明）へという、自分の異例な即位を正当化するために「不改常典」＝皇位嫡子継承法を創作したと思われる。

　しかし「不改常典」を元明自身が定めたと宣言しても説得力がないので、元明は天武が「不改常典」を定めたことにした。

　それではなぜ「不改常典」を定めた天皇が天武から天智に替わったのでしょうか。石渡信一郎はこの理由を大塚泰次郎の次のような解釈（『東アジアの古代文化』48 号）を踏襲しています。大塚泰次郎の見解によれば、称徳（孝謙皇重祚、在位 764–770）死後、天智の孫の光仁（在位 770–781）が即位し、天武王朝から天智系王朝に回帰しますが、皇后には聖武の娘井上皇女、皇太子にはその子の他戸皇子が立てられ、光仁は「不改常典」を持ちだせる立場にはなかったのです。

　次に即位継承した桓武（光仁の子）は、井上・他戸の謀殺のうえに皇位についたので、その理由づけのために、「不改常典」の天武の名を天智に書き換えて使用します。そこで桓武朝で編纂された『続日本紀』は、元明までさかのぼって「天智の定めた『不改常典』」にのっとって記録したのでつじつまがあわないものになってしまったのです。

　このように『続日本紀』も『日本書紀』と同じように歴史の改竄を行っていますが、天武が嫡系継承制を唱えて壬申の乱を起こしたこと念頭に置くと「不改常典」の謎が解けるのです。

第9章　天武天皇と持統天皇

1　吉野の盟約

※ 太安万侶の『古事記』序

『日本書紀』巻第30 持統天皇称制（君主の后が即位せずに政務を執ること）第1段の冒頭には次のように書かれています。

　　高天原広野姫天皇（持統）は、諱（幼名）は鸕野讃良という。天命開別天皇（天智）の第2女（長女は大田皇女）である。母は遠智娘（蘇我倉山田石川麻呂の娘）という〔またの名は美濃津子郎女〕。天豊財重日足姫天皇（皇極重祚斉明）3年（657）天渟中原瀛真人天皇（天武）に嫁いで妃となった。

　　帝王（天智）の娘でありながら礼を重んじ母としての徳があった。天智天皇元年（621）草壁皇子を大津宮（近江）で生んだ。天智天皇10年（671）10月出家した天武（大海人）に従って吉野に入り、朝廷の猜疑を避けた。この事は天智紀に書かれている。

　　天武元年（672）6月危機を避けて大海人（天武）に従って東国（三重・岐阜）に向かった。そうして軍衆を集結させ要害を固めた。7月美濃の将軍（紀阿閉麻呂・多品治・三輪子首ら）と大倭の豪傑（大伴吹負・三輪高市麻呂・鴨蝦夷ら）は大友皇子を誅殺してその首を持って不破宮に参上した。

　　天武2年（673）皇后となった。皇后（持統）は終始天皇の執務に侍って常に政事に言及し、天皇を補佐した。

　　朱鳥元年（686）9月9日天武天皇が亡くなった。皇后は臨時に政

務を執った。

　引用文中後半の「吉野に入り、朝廷の猜疑をうけた……」云々は、病死直前の天智から即位を要請された大海人がその要請を断り吉野に隠遁したことを意味しています。事実、大海人（天武）は吉野で挙兵して、天智がすでに皇位継承者として指名した大友皇子を殺害します。

　太安万侶の『古事記』序は３段（第１段：神代から天皇の歴史を概観、第２段：天武天皇による「記」選録と「書紀」の構想、第３段：安万侶が元明天皇から「記」の撰録を命じられた事）で構成されていますが、とくに第２段では壬申の乱を制した天武を「天子たるしるしを受けて世界を統べ、天に発する正統を継承して秩序を世界の隅々に及ぼした」と賞賛しています。

※ 天智と天武の複雑な血縁関係

　持統が天武と結婚した斉明３年（657）から壬申の乱の終結（672年７月）までは約14年の歳月が経過しています。その間、有間皇子（孝徳天皇の皇子）の殺害（658）→唐・新羅による百済の滅亡（660）→天智・斉明の九州博多への征西、斉明天皇の死（661）→白村江の大敗（663）→近江遷都（667）→高句麗の滅亡（668）→藤原鎌足の死去（669）→天智天皇の死去（671）→壬申の乱（672）等々国の内外に次々と重大な事件が起こっています。

　ところで持統天皇の系図をみてもわかるように、現在の私たちの常識では考えられない複雑多岐な血縁関係によって結ばれていいます。持統の父は天智（中大兄）、母は遠智 娘 です。遠智娘の父は蘇我倉山田石川麻呂（蘇我馬子の孫、入鹿とは従弟関係）です。

　石川麻呂は乙巳のクーデターでは中大兄に味方して蘇我王朝（馬子・蝦夷・入鹿）を滅ぼします。蘇我馬子の直系の石川麻呂が入鹿暗殺に加担したことは、乙巳のクーデターの１年前の皇極３年（644）１月条の記事からも明らかです。

　その倉山田石川麻呂（孝徳天皇下の右大臣）が弟蘇我日向による讒言に

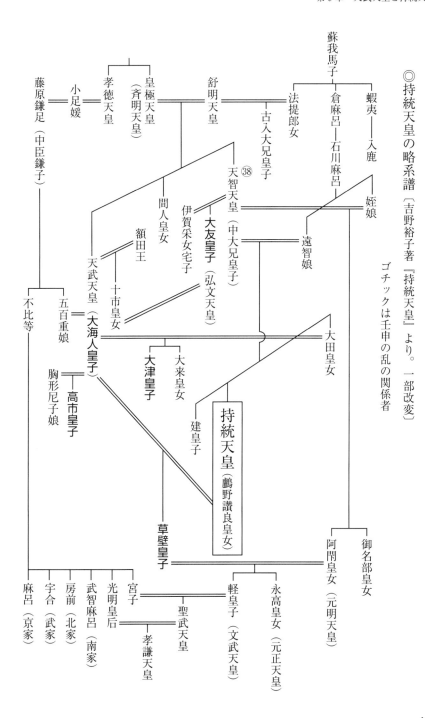

◎持統天皇の略系譜〔吉野裕子著『持統天皇』より。一部改変〕

ゴチックは壬申の乱の関係者

天智天皇（中大兄皇子）の后妃及び皇子・皇女一覧表			
	名称	（父君）	皇子・皇女
1	皇后	倭姫王（古人大兄皇子）	
2	嬪	越智娘（蘇我倉山田石川麻呂）	大田皇女・鸕野皇女*・建皇子*
3	嬪	姪娘（蘇我倉山田石川麻呂）	御名部皇女・阿閇皇女*
4	嬪	橘娘（阿倍内）	飛鳥皇女・新田部皇女
5	嬪	常陸娘（蘇我赤兄）	山辺皇女
6	宮人	色夫古娘（忍海小竜）	大江皇女・川嶋皇子・泉皇女
7	宮人	黒媛娘（栗隈徳方）	水主皇女
8	宮人	伊羅都売（越道）名不明	施基皇子
9	宮人	宅子娘（伊賀国造）名不明	大友皇子*

＊鸕野皇女—後の持統天皇　＊阿閇皇女—後の元明天皇　＊建皇子—斉明4年（658）8歳で没　＊大友皇子—後の天智皇太子

以上皇子4人、皇女10人　計14人

天武天皇（中大兄皇子）の后妃及び皇子・皇女一覧表			
	名称	（父君）	皇子・皇女
1	皇后	鸕野皇女（天智）	草壁皇子
2	后	大田皇女（天智）	大来皇女・大津皇子
3	后	大江皇女（天智）	長皇子・弓削皇子
4	后	新田部皇女（天智）	舎人皇子
5	夫人	氷上娘（藤原鎌足）	但馬皇女
6	夫人	五百重娘（藤原鎌足）	新田部皇子
7	夫人	太蕤娘（蘇我赤兄）	穂積皇子・紀皇女・田形皇女
8		額田王（鏡王）	十市皇女
9		尼子娘（駒形君徳善）	高市皇子
10		穀媛娘（宍人臣大麻呂）	忍壁（刑部）皇子・礒城皇子・泊瀬部皇女・託基皇女

吉野裕子『持統天皇』（人文書院 1987 年）より（一部改編）

より山田寺で自害します。『日本書紀』孝徳天皇大化5年（649）3月条に「皇太子（中大兄）の妃蘇我造媛は、父大臣が物部二田造塩に斬られたと聞いてその名を聞くことを心底嫌った。このため造媛に近侍する者は「塩」の名を口にすることが忌まわしく、呼称を改めて「堅塩」と言った。造媛はついに心痛のあまり亡くなった」と書かれています。

　『日本書紀』によれば持統は13歳の時叔父にあたる大海人（天武）に嫁

ぎますが、中大兄（天智）は鸕野讚良（持統）だけではなく大田皇女、大江皇女、新田部皇女を大海人（天武）に嫁がせています。天智6年（667）鸕野讚良は草壁皇子を生み、翌年、姉の大田皇女は大津皇子を生みます。天智6年（667）大田皇女は亡くなったので鸕野讚良（持統）は后候補の第1位となります。

　ちなみに天智天皇の宮人として色夫古娘（父は忍海小竜）、黒媛（父は栗隈徳方）、伊羅都売（父の名は不明）、宅子娘（父は伊賀国造）がいます。伊羅都売の男子が施基皇子で、宅子の男子が大友皇子です。したがって施基皇子も大友皇子も皇位継承権をもちます。

　※ 天武天皇の崩御

　続いて『日本書紀』朱鳥元年（686）9月9日条に次のように書かれています。

　　天皇（天武）が崩御された。皇后（持統）が政務を執った。10月2日皇子大津に欺かれた直広肆八口音橿・小山下壱伎連博徳・大舎人中臣朝臣麻呂・巨勢多益須・新羅僧行心ら30人余が逮捕され、3日皇子大津は訳語田（奈良県桜井市戒重）で処刑された。時に年24歳であった。妃皇女山辺（天智の皇女）は髪を振り乱し、素足のまま駆けつけて殉死した。見る者は皆すすり泣いた。

　　皇子大津は天淳中原瀛真人天皇（天武）の第3子である。立ち居振舞は高く際立っており、言辞は明瞭である。天命開別天皇（天智）に愛された。成人してからは学才に優れ文筆を好んだ。

　　同月29日持統は「皇子大津は謀反を企てた。欺かれた吏官・帳内はいたしかたがない。今、皇子大津はすでに死んだ。皇子大津に連座した従者は皆赦せ。ただし帳内の砺杵道作は伊豆に流せ」と命じた。また「新羅の僧行心は皇子大津の謀反に加わったが、私は処罰するには忍びない。飛騨国の寺院に送れ」と言った。

　　11月16日伊勢神の祭祠に仕えていた皇女大来（母は大田皇女、弟

は大津皇子）が京に呼び返された。

※吉野の盟約

『日本書紀』の天武の第3子である大津皇子が謀反を企てたという記事を読み、大津皇子が謀反を企てたと思う者は誰もいないはずです。吉野で謀反を起こした古人大兄の話は『日本書紀』の創作であることは先述した通りですが、この大津皇子が「謀反を企て処刑された」とあからさまに書かれているのには驚きを禁じ得ません。

それでは大津皇子が謀殺されるなんらかの予兆があったのでしょうか。天武の子の中でも特に大津皇子は「天武紀」に多く登場し、壬申の乱では高市皇子とともに活躍しています。予兆と言えば『日本書紀』天武8年（679）条に次のような記事があります。

　　5月5日天皇（天武）は吉野宮に行幸された。6日天皇は皇后及び草壁皇子・大津皇子・高市皇子・河島皇子・忍壁皇子・芝基皇子に「私はお前たちと盟約を結び千年の後まで事の起こらないようにしたいと思うが、どうか」と言った。皇子たちは「道理はまことに明白です」と答えた。

　　さらに草壁皇子は「天神地祇（てんしんちぎ）および天皇よ、どうかお聞き下さい。私ども兄弟は長幼併せて10人余りの王はそれぞれ異なった母から生まれました。しかし同母、異母にかかわらず共に助け合い、逆らうことはありません」と誓った。5人の皇子たちも次々と草壁の言葉にならって盟約をした。

　　天皇は「我が子供たちはそれぞれ異なった母から生まれたがこれから同母兄弟のように慈しもう」と言い、衣の襟（えり）を開いて6人の皇子を抱き「もしこの盟約に背けば、我が身は亡びるだろう」と言った。皇后（持統）もまた天皇と同じように盟約した。

この盟約2年後の『日本書紀』天武10年（681）2月25日条に「天武と

皇后持統は親王及び諸臣を集めて『私は今また律令を定め、法式を改めたいと思う。それゆえ共にこの事にとりかかれ。しかし急にこの政務を行えば、公事に差しさわりがあろう。分担して行うがよい』と言った。この日に草壁皇子を立てて皇太子とした。そうして国政を執り行わせた」と書かれています。

　天武と皇后持統をふくむ草壁皇子を筆頭とする 6 人の皇子による盟約は、多少の粉飾があるにしても実際にあったと言ってよいでしょう。でなければ正史の『日本書紀』にわざわざ載せるわけがありません。またこの盟約が天武・持統にとって最大の関心事である嫡子草壁の即位継承のためであったことは間違いありません。草壁の立太子を他の 5 皇子に納得させる儀式でもあったのです。

2　悲劇の大津皇子と高市皇子

※ 草壁・大津皇子・高市皇子の死

　草壁皇子の立太子以降における天武の動向を『日本書紀』にみると、4 年後の天武 14 年（685）9 月 24 日条に「天皇、体不予（病気）になられたために、3 日間、大官大寺・川原寺・飛鳥寺で誦経させた」とあり、翌朱鳥元年（686）5 月 24 日条には「天皇は病が重くなり、川原寺で薬師経を説かせた」と書かれています。

　また同年 6 月 10 日条には「天皇の病気を占卜したところ、草薙剣が祟っていた。その日に尾張国の熱田神社に送り、安置した」と書かれています。さらに 7 月 15 日条に 勅 があり、「天下の事は大小を問わず、すべて皇后と皇太子（草壁）に報告せよと、言った」とあります。

　かくして朱鳥元年（686）9 月 9 日天武は亡くなります。そして天武の 殯 （葬送儀礼）を経て埋葬も終わった持統 3 年（686）4 月 13 日草壁皇子が死去します。即位後継者の中枢にいた草壁皇子の病死と大津皇子の刑死が単なる偶然とみるにはあまりにも不自然です。また即位継承者の第 3 番

目の位置にいた太政大臣の高市皇子も持統天皇10年（696）7月10日に亡くなります。

　草壁・大津・高市皇子の3人は女性天皇持統の次期後継者の主要人物です。この3人と天武が短期間のうちに亡くなったのですから朝廷にとって一大事です。高市皇子は持統が即位した691年の7月太政大臣に任命されますが、以後、皇族・臣下の筆頭として持統天皇を支えます。この高市皇子の死去を『日本書紀』は「後皇子（のちのみこのみこと）が薨去した」と1行にもみたない記事で伝えています。

※ 上山春平の『埋もれた巨像』

　『埋もれた巨像』の著者上山春平は「持統のもとで太政大臣の地位にあった最年長の高市皇子が亡くなった直後、すなわち持統天皇10年（696）の夏から秋にかけて草壁皇子の嫡子軽皇子（文武）の立太子をめぐり皇位継承のルールに関する紛糾があった」と指摘しています。

　上山春平は藤原不比等（659?−720）こそ大津皇子（663−686）の刑死と軽皇子の継承をめぐる紛糾を通して持統のもっとも信頼すべき協力者（後見人）であり、乙巳（こくじ）のクーデターにおける中大兄（天智）の協力者藤原鎌足との関係に酷似しているとしています。大津皇子の処刑も持統による謀殺とみる歴史家は少なくありません。上山春平は不比等ほど謀略に打ってつけの人物はいないと、次のように指摘しています。

　　壬申の乱のときの不比等（13歳）の近親たちは大友皇子の側であったから、不比等は壬申の乱の功臣たちやなじみの深い天武の皇子たちに対して1種の違和感を持っていたのではないかと想定される。

　　他方、不比等にとって天武の皇子たち、とくに壬申の乱に戦功のあった天武の皇子たちに皇位がいくことは、自分の政治生命にとってマイナスの効果を生じる可能性が高いのに対して、持統の秘密の協力者として寵臣になることは壬申の乱の功臣たちを押しのけて政界の優位に立つ唯一の血路と見たに違いない。

　壬申の乱で大友皇子（天智の子）側についた鎌足を始祖とする中臣氏（藤原氏）は乱後大海人皇子に処罰されます。右大臣中臣連金（鎌足の従弟）は斬刑、左大臣蘇我赤兄・大納言巨勢臣比等と中臣金の子、蘇我果安の子は流罪とされます。であれば鎌足の子不比等（13歳）は並々ならぬ苦境に立たされていたのは推して知るべきです。上山春平は藤原不比等がこの逆境をどのような方法で切り抜けたか論じています。

※ 謀略家藤原不比等

　上山春平によれば『日本書紀』持統天皇朱鳥元年（686）10月2日条に「皇子大津の謀反が発覚した。皇子大津を逮捕し、併せて皇子大津に欺かれた直広肆矢口音橿・小山下壱岐博徳と、大舎人中臣臣麻呂・巨勢田益須ら30人余を逮捕した」と記されているにもかかわらず、3年後の持統3年（689）正月26日条に「判事」とされた人物のなかに藤原史（不比等）と一緒に大津皇子の謀反に加わった中臣朝臣臣麻呂・巨勢朝臣田益須の名があります。

　「判事」は現在の判事と同じように裁判に関係する官職であり、大宝令や養老令では刑事部に所属しています。藤原不比等らが判事に任命されたとき、不比等は従5位下相当の浄広肆であり、中臣意美麻呂と巨勢多益須は従7位下相当の務大肆です。

　さらに意美麻呂と田益須の履歴を追跡すると持統7年（693）6月4日条に「巨勢多益須・葛原（藤原）臣麻呂（意美麻呂）を直広肆（15階上位の従5位相当）とする」とあります。

　ちなみに『続日本紀』によれば不比等が右大臣（正2位）に任命された和銅元年元明天皇2年（708）には、臣麻呂は神祇伯（正4位下）、巨勢多益須は大宰大弐（従4位上）に任命されています。

　そして中臣臣麻呂（意美麻呂とも。?–711）の正4位下の神祇伯は、律令制下において太政大臣（正1位）より遥かに低く、さらにその下に置かれた8省の卿（正4位下）よりも低い位です。また中臣臣麻呂の前の神祇伯

であった中臣金の甥にあたる中臣大島は、中臣鎌足、金の後を継いで朝廷で中臣氏を代表する地位につきます。

　中臣大島は681年（天武10）には帝紀と上古諸事の記録・編纂の仕事に指名され、686年の天武病没の際は誄（弔辞）奉進に参加し，持統朝でも中納言、神祇官の長官として祭祀を主宰します。しかし藤原不比等の台頭によって、藤原から中臣に姓を戻されます。

　※ 伊伎博徳と不比等の関係

　こうしてみると大津皇子の謀反事件（冤罪事件）における藤原意美麻呂（中臣臣麻呂）と不比等の関係は推して知るべきです。上山春平による中臣臣麻呂と巨勢多益須の履歴追跡のなかで最も大きな成果は伊伎（伊吉、壱岐）博徳と不比等の関係を明らかにしていることです。上山春平は「伊伎博徳」について次のように書いています。

　　大津の謀反事件に連坐したもののなかには少なくとも不比等と密接な関係にあったと想定されるもう1人の人物がいる。伊岐博徳という帰化系の人物（唐人）である。博徳は大化改新以降の孝徳朝から天智朝にかけて、唐との外交の任務にたずさわり、斉明5年（659）に遣唐使の随員として唐に派遣され、天智3年（664）に唐の使節郭務悰の接待に当たったことなどがわかっている。

　　また彼の外交に関する記録は『日本書紀』の孝徳紀や斉明紀に注の形で入れられている。たとえば『日本書紀』の天智3年10月1日条に「唐の使節郭務悰に鎌足が贈物をした」とあるが、『善隣国宝記』（『続群書類従』）「海外国記」の天智3年9月条に、博徳が津守吉祥や僧智辯とともに郭務悰の接待役を務めたことが書かれている。

　なお、『日本書紀』孝徳天皇白雉5年（654）2月条の押使高向玄理の下、大使河辺臣麻呂と副使薬師恵日の遣唐使派遣の記事の割注に「定恵は乙丑年（天智4年＝665年）に劉徳高らの船に乗って帰ってきた」と書かれて

いますが、『日本書紀』天智4年（665）9月23日条に「唐国が劉徳高等を遣わした〔等とは右戎衛郎将襧軍朝散大夫柱国郭務悰をいう。全部で254人である。7月28日に対馬に着き、9月20日に筑紫に付いた。22日に表函を進上した〕。おそらく博徳は唐の使節の通訳と接待の役を担ったに違いありません。

　藤原氏の『家伝』（『寧楽遺文』下巻）によれば、定恵（鎌足の長男）は9月遣唐使たちと一緒に帰国していますが、その年の12月23日亡くなっています。このように博徳は斉明朝から天智朝にかけて外交面で華々しく活躍していますが、天武朝では姿を消してしまいます。

　しかし奇妙なことに博徳は大津事件に連坐した後、ふたたび活動を始めています。『日本書紀』によれば大津事件が起きて9年目の持統9年（659）、博徳は4階上位の務大弐（正7位下相当）の位で遣新羅使に任命されています。また『続日本紀』によればその5年後の文武4年（700年）に11階上位の直広肆（従5位下相当）の肩書で、大宝律令の編纂メンバーの1人にあげられています。

　不比等と博徳の関係がはっきりわかるのは律令編纂メンバーのリストだけですが、不比等が刑部（忍壁）王に次いで2番目にあげられ、博徳は不比等から2つおいて5番目です。大宝律令の編纂事業の最高責任者となった藤原不比等は、おそらく大津事件を契機に漢文に熟達した唐人の博徳を多数のメンバーのリーダーとして登用したのでょう。

3　持統と文武の後見人藤原不比等

※ 粟田真人こと還俗の道観

　『続日本紀』は、文武天皇元年（697）から桓武天皇延暦10年（791）までの95年間の歴史を扱った日本の正史（歴史書）です。前半部分（30巻）は光仁天皇の命で石川名足、淡海三船らが編纂事業にかかわりますが、途中、トラブルのため光仁の子桓武天皇の命によって菅野真道らによって

794 年に全 40 巻が完結します。

　淡海三船は天智天皇の子弘文（大友皇子）の曾孫ですが、天平勝宝 3 年（751）の臣籍降下で淡海三船の氏姓を賜与され、御船王から淡海三船に名を改めました。淡海三船は神武から元正まで 44 代の天皇の漢風諡号を一括選進した文人として広く知られています。

　ところが『続日本紀』によれば、文武天皇大宝 2 年（702）6 月に唐に派遣された粟田真人を遣唐執節使とする一行は、唐に滞在すること 3 年かけて「日本」の国名についてややこしい交渉をしています。

　このような重大任務を負った粟田真人が藤原不比等や壱伎（伊吉）博徳らと一緒の律令編纂のメンバーであったとするなら、粟田真人（生年不詳−719）の出自と人となりについて説明をおかなければなりません。

　実は、粟田真人は孝徳天皇白雉 4 年（653）の道昭（629−700）や中臣大島（?−693。川島皇子・忍壁皇子らとともに天武天皇より『帝紀』および『旧事』の編纂事業を命じられる。神祇伯）ら第 2 次遣唐使の一員として同行した還俗（僧侶になった者が世俗に戻ること）の道観その人です。

　すると上山春平が指摘しているように壱伎（伊吉）博徳も孝徳天皇白雉 4 年（653）の遣唐使の通訳として同行しているはずです。白雉 4 年は中大兄皇子（天智）と鎌足による蘇我蝦夷・入鹿暗殺の乙巳のクーデターから 8 年目の年です。しかもこの遣唐使には鎌足の長子 10 歳の定恵も随行しています。であれば不比等の父鎌足と博徳の関係は明らかです。

　また船史恵尺の子と言われている道昭は帰国後、法興寺（別名、飛鳥寺）の一隅に禅院を建立して法相宗（のちの興福寺の宗派）を広めます。俗姓を船連といい河内国丹比郡で生まれの道昭は、白雉 4 年の遣唐使に同行した際、玄奘三蔵のもとで法相宗を学び斉明 7 年（661）に帰国しています。

※ 薬師寺の法相宗

　法相宗といえば天武天皇 9 年（680）11 月 12 日条に「皇后（持統）のために誓願して薬師寺建立に着工した」とある薬師寺も法相宗です。薬師寺について訳者頭注は次のように解説しています。

　天武天皇の発願に始まる、天武天皇の死後も持統天皇によって造営
され、持統天皇 2 年（688）正月に無遮大会、11 年（697）7 月に公卿
百寮所願の仏像開眼会が行われる。『続日本紀』文武天皇 2 年（698）
10 月条に「薬師寺構作略了す」。寺跡は橿原市城殿町。寺は平城遷都
の際に平城右京 6 条 2 坊の地に移る。

『日本書紀』訳者頭注が指摘する通り、持統天皇 11 年 7 月 7 日、8 月 1
日条には次のように書かれています。

　夜中に足枷・首枷をつけられた盗賊 109 人を放免した。そうして
1 人 1 人に布 4 常を賜った。ただし外国の人は 1 人あたり稲 20 束で
あった。12 日使者を奉遣し、広瀬と竜田を祀らせた。29 日薬師寺で
仏像の開眼会を営んだ。8 月 1 日、天皇は禁中で政策を定めて皇太子
に天皇の位を譲った。

　薬師寺の「東塔擦銘」には、「清原宮に天の下を統治した天皇（天武）
の即位 8 年、庚辰（680 年）、中宮（後の持統天皇）の病気のため、この伽
藍を創り始めたが、完成しないうちに崩御したので、その意志を継いで、
太上天皇（持統）が完成したものである」という意味のことが記されてい
ます。
　ここでいう「天皇即位 8 年、庚辰之歳」は、『日本書紀』の「天武天皇
9 年」と同じ年を指しています。すなわち『日本書紀』は天智天皇が没し
た翌年（壬申年、672 年）を天武天皇元年としています。
　『続日本紀』によれば、文武天皇 2 年（698 年）には寺の造営がほぼ
完成し、僧を住まわせています。この創建薬師寺は藤原京の右京八条三坊
（畝傍山と香具山の中間に位置する橿原市城殿町）は「本薬師寺」として特別
史跡に指定されています。
　藤原氏の氏寺興福寺の法相宗と薬師寺の法相宗の由縁は定かではありま

せんが、中臣氏中興の祖中臣鎌足の子藤原不比等が持統・文武の後見人であったことが大いに影響していると考えられます。

　先に述べましたが、唐から帰国した道昭は法興寺（飛鳥寺、平城京に移ってから元興寺）の一隅に禅院を建立して法相宗（のちの興福寺の宗派）を広めます。飛鳥寺は大王馬子が造った寺です。天武＝大海人＝古人大兄の母は大王馬子の娘法堤郎媛です。

　天武は大王蝦夷が皇太子時代名を善徳と称して飛鳥寺の寺司（長官）であったことを知っていて、なぜ藤原氏系の法相宗を選択したのでしょうか。天武は大王馬子の娘法堤郎媛と舒明と間に生まれた古人大兄と同一人物です。であれば天武と天智は父が異なる兄弟であり、即位継承として有利な継体系に位置します。当然、中大兄（天智）が主導した乙巳のクーデターに協力した藤原氏の法相宗を選ぶのが、天武にとって都合がよかったからでしょうか。

　法相宗を広めた道昭の父船史恵尺については、『日本書紀』皇極４年（645）６月13日条に「蘇我蝦夷らは誅殺されるにあたって、天皇記・国記のすべてを焼いた。船史恵尺はとっさに、焼かれようとしている国記を取り中大兄に奉った」と書かれています。

　鎌足・不比等親子や道昭と密接な関係にあった遣唐執節使粟田真人こと道観が「日本」の名称について唐側（武則天＝則天武后）にまわりくどい説明をしなければならなかったのは次のような理由が考えられます。

　660年（斉明６）の隣国百済の滅亡を知った中大兄は、唐・新羅連合軍がさらに九州地方に攻めてくることを懼れ、倭国を九州島の倭国と四国・本州を領域とする日下国に分離し、日下国こと日本は小国で唐・新羅と国交のない国としたのです。

　そもそも天智政権が唐・新羅連合軍と百済の白村江の戦いに国家存亡をかけて百済救援軍を送ったのは、天皇家（天智・天武）にとって百済はもちろん朝鮮半島はかけがえのない母国であったからです。

　※ 中臣鎌足の子不比等

　文武天皇大宝2年（702）に粟田真人ら遣唐執節使を派遣した時の最高
権力者は藤原不比等です。天智・天武後の女帝持統（645-659）は差し迫っ
た皇位継承の難問ばかりでなく、天智・天武がやり残した白村江の戦後処
理も藤原不比等に委ねなければなりません。不比等は乙巳のクーデターに
おいて中大兄（天智）の参謀役として大きな働きをした中臣鎌足の子です。

　稀代の政治家であるにもかかわらず、不比等ほど正体不明の人物は日本
の歴史上類をみない特別な存在と言わなければなりません。不比等は藤原
鎌足の次男として斉明4年（658）に生まれ、母は車持君与志古娘とされ
ています。

　しかし平安時代後期の白河院政期に成立したとみられる紀伝体の歴史物
語である『大鏡』などによると、「天智が生まれた子が男ならばお前の子
にし、女ならば朕のものにするといって妊娠中の女御を鎌足に与えたが、
生まれたのは男で、それが不比等であった」と伝えられています。

　『日本書紀』の不比等の初出は先述の「藤原朝臣史」の名で持統3年
（689）2月6日の次の記事です。

　　　淨広肆竹田王・直広肆土師宿禰根麻呂・大宅朝臣麻呂・藤原朝臣
　　　史・務大肆当麻真人桜井・穂積朝臣山守・中臣朝臣臣麻呂・巨勢朝臣
　　　多益須・大三輪朝臣安麻呂を判事とした。

　この記事の1人藤原朝臣史について『日本書紀』訳者頭注には次のよう
に書かれています。「鎌足の第2子。不比等とも。扶養氏族田辺史大隅の
名にちなむ。『懐風藻』『扶桑略記』に斉明4年（658）、『尊卑文脈』には
斉明5年（659）の生まれとある」と書かれています。さらに藤原不比等
の名で『日本書紀』持統10年（696）10月22日条に次のように書かれて
います。

　　　正広参位右大臣丹比真人に資人120人、正広肆大納言阿倍朝臣御

主人・大伴宿禰御行の両人には80人、直広壱石上朝臣麻呂・直広弐藤原朝臣不比等の両人は50人を仮に賜った。

※ 東大寺の黒作懸佩刀

持統天皇と不比等との関係については『日本書紀』の人名索引によってもこの上記2件のみで他に手掛かりはありません。しかし758年（天平勝宝8年）6月の光明皇后（701−760。聖武天皇の皇后。不比等と橘三千代の子。聖武天皇の母藤原宮子は異母姉。諱は安宿媛）が東大寺に献納した『東大寺献物帳』（遺品目録）のなかから黒作懸佩刀についての説明書（由緒）が見つかっています。それには次のように書かれています。

　　　　右、日並皇子、常に佩持（身につける）せられ、太政大臣（原本の「太臣」は「大臣」に同じ）に賜う。大行天皇、即位の時、すなわち献ず。大行天皇、崩ずる時、また大臣に賜う。大臣、薨ずるの日、さらに後太上天皇に献ず。

　上山春平は「大行天皇」を元明、「太政大臣」を藤原不比等、「後太上天皇」を聖武天皇として、黒作懸佩刀は草壁→不比等→文武（軽）→不比等→聖武に伝来したとしています。黒作懸佩刀の伝来は皇位継承者（日並皇子）の草壁を失った母持統が、近い将来、草壁と正妃阿閇（元明天皇）の子軽皇子（文武）を即位させるため時の実力者藤原不比等を後見人として頼らざるを得なかったことを示しています。

　藤原不比等は大宝律令（701）、平城京遷都（710）、そして『古事記』（712）と『日本書紀』（720）を完成させます。しかも律令選定完了後（700年）に不比等と女官橘三千代との間に安宿媛（のちの光明皇后）が生れます。

　『続日本紀』によれば大宝律令の選定にかかわった人物は刑部（忍壁）親王・藤原不比等・粟田真人・下毛野古麻呂とされています（そして壱伎博徳も加わっています）。刑部親王は天武の諸皇子の中で最年長であり、705年に亡くなります。下毛野古麻呂は下野国の国造家を出自とする貴族

ですが710年に亡くなっています。

　※ 法華寺の維摩居士像

　大宝律令が発布された701年の大宝元年、文武天皇の夫人宮子（不比等
の長女）に首皇子（聖武）が生れます。つまり不比等は文武天皇の夫人宮
子の父であり、聖武天皇の后光明の父であり、同時に聖武天皇の祖父と
なる類まれな稀代の政治家であったのです。

　藤原不比等は陰謀・策略をめぐらす深謀遠慮の政治家であるばかりでは
ありません。天皇神話（日本神話）の創出者であり、歴史家であり、思想
家であり、かつ陰陽（二律背反）を知る宗教家でもあったのです。

　藤原不比等と橘三千代の娘光明皇后が開基したという法華寺（国分寺・
国分尼寺建立の端緒となる。奈良市法華寺町882。JR奈良駅西口や近鉄京都線
の大和西大寺からバス）には光明皇后をモデルにしたという「十一面観音
像」が安置されています。

　また法華寺所蔵の「維摩居士像」は2017年（平成29）に国宝に指定さ
れましたが、上山春平は「維摩居士像」は藤原不比等をモデルにつくられ
たと想定しています（『埋もれた巨象』参照）。なぜなら法華寺（法華滅罪の
寺）は平城京の東北東の藤原不比等の邸跡に作られているからです

4　万世一系天皇の物語

　『埋もれた巨象』の著者上山春平は天皇家と藤原氏の関係について次の
ように述べています。

　　　『日本書紀』には聖徳太子が天皇紀の史料作成に着手したことや、
　　天武が帝紀や旧辞の整理を命じたことが伝えられているが、元明・元
　　正の両女帝の治世に完成されたその成果を検討してみるならば、それ
　　が天皇家の皇権回復の願望を巧みに吸い上げる形で、律令体制づくり

という大義名分をかざしながら、その背後で密かにすすめられた藤原氏独裁体制づくりの手段に転化されたのではあるまいか、という疑惑を深めざるを得ない。

　上山春平によれば、元明朝のもとで実権を握っていた不比等によって「記紀」の仕上げの形が方向づけられたことになります。まして『古事記』の編纂にあたった太安万侶などは、律令づくりの下毛野古麻呂、都城づくりの小野馬養、太政官における丹治比三宅麻呂などとならんで、律令体制づくりの大義名分のもとで組織された巨大チームワークを担った律令官員です。「もしかしたら太安万侶自身が『日本書紀』の編纂者の１人ではなかったか」と上山春平は想像をたくましくしています。

　「神代史は権威の由来を説くために作られたものである」という説（津田左右吉『上代日本の社会及び思想』）を発展的に解釈した上山春平は「『古事記』と『日本書紀』の２つの書物は外見的にも内容的にもさまざまな相違を示しているにもかかわらず、どちらも時期がきわめて近接し、かつどちらも天皇を頂点とする朝廷によって作られた書物である」と指摘しています。

　上山春平には在野の古代史研究者石渡信一郎が指摘する「新旧二つの朝鮮渡来集団による日本古代の国家建設」（『増補新訂・百済から渡来した応神天皇』）の概念（認識）は欠如していますが、藤原不比等の手による天皇神話＝日本神話の創出については両者の考えはほぼ一致しています。

　しかし上山春平の厩戸王（聖徳太子）実在説とは異なり、「聖徳太子はいなかった」とする石渡信一郎は藤原不比等がいかにどのようにして日本神話をつくったのかを明らかにすることに成功しています。以下、「日本神話誕生」のカラクリを説明いたします。

※ 新神祇制度＝司牧人神

　文武８年（704）９月10日遣唐執節使粟田真人から帰国の報告を受けた藤原不比等ら律令政府首脳は、すでに新神祇制度＝司牧人神の施行のため

最終段階に入っていました。実際、704 年（慶雲元）10 月 23 日には「天皇が人と神を統治する」という詔勅が文武天皇によって出され、元明天皇2 年（慶雲元 = 708）から 3 年にかけて施行されます。

　ちなみに先の 8 章 4 の「不改常典」で引用しました『続日本紀』元明天皇慶雲 4 年（707 年）7 月 17 日条の元明天皇の詔の最後の「神にして思う」という言葉は明らかに元明は自分（天皇）を「神にして人、人にしての神」であることを自覚していたことを物語っています。

　しかしこの宗教・思想にかかわる新神祇制度 = 司牧人神（人と神を統一して天下を治める）が施行されたことが、『続日本紀』にはまったく記録されていません。大宝律令の直後に不比等を中心にして作られた養老律令（未完成）が天平宝字元年（757）藤原仲麻呂（不比等の孫）によって施行されますが、その編纂過程がほとんど明らかになっていません。

　不比等が施行した「新神祇制度」は一口で言えば、"アマテラスを祖とし、神武を初代天皇とする天皇の系譜" を決定したことです。その際、蘇我王朝 3 代（馬子→蝦夷→入鹿）を抹消し、仏教王馬子の分身聖徳太子をつくったのです。

　※ "天壌無窮の皇運"
　次のようなことが推測できます。藤原仲麻呂は不比等の長子藤原武智麻呂の次男です。実際、武智麻呂は父不比等の律令制度の施行に深くかかわっています。「新神祇制度」は大宝律令の改訂として追加修正された法令の 1 つである神祇令ですが、その内容上、極秘事項とされたと考えられます。したがって孫の仲麻呂も祖父の新神祇制度については秘密を守ったのでしょう。

　ところが文武天皇 8 年から元明天皇 3 年までに行われた新神祇制度は記録されなかったのではなく、『日本書紀』崇神天皇 4 年（BC94、丁亥年）から同 9 年（BC89、壬辰年）までの記事として復元（挿入）されているのです。（6 頁の系図を参照）。

　つまり不比等が施行させた新神祇制度は崇神天皇が行なったことにして

干支13運（60年×13運＝780）＋10年＝790年さかのぼらせて『日本書紀』第10代崇神天皇（在位BC97–BC30）4年10月23日条の記事として挿入されているのです。

　　4年（丁亥年）10月23日、崇神天皇は「そもそも我が皇祖のすべての天皇が、皇位を継ぎ政事を行ってきたのは、ただ一身のためではない。思うに人と神とを統治し、天下を治めるためである。それゆえによく世々に深遠な功績を広め、時につけ最上の徳行を天下に流布されたのである。今、私は皇位を継承し、民を愛育することとなった。いかにして、いつまでも皇祖の跡を継承し、永く無窮の皇統を保持すればよいだろうか。それは群卿・百僚ら、お前たちが忠誠を尽くし、共に天下を平安にすることが、何より大切であろう」と詔した。

　引用後半の「いつまでも皇祖の跡を継承し、永く無窮の皇統を保持すればよいだろうか」という箇所は、大日本帝国憲法（明治憲法）告文の「天壌無窮」「神の宝祚を承継」や、明治憲法の翌年に公布された教育勅語「天壌無窮の皇運を扶翼すべし」に酷似しています。
　またこの教育勅語は『日本書紀』推古天皇12年（604）3日条の聖徳太子が作ったとする17条憲法第3条にも似ています。

　　3にいう。王（天皇）の命令をうけたならば、かならず謹んでそれにしたがいなさい。君主はいわば天であり、臣下は地にあたる。天が地をおおい、地が天をのせている。かくして四季がただしくめぐりゆき、万物の気がかよう。それが逆に地が天をおおうとすれば、こうしたととのった秩序は破壊されてしまう。

※ 天つ神と国つ神
　これらフレーズ（言葉）が似ているのは『日本書紀』神代下第9段1書第1のアマテラスから孫のホノニニギ（火瓊瓊杵尊）に次のように告げら

れた、いわゆる「天孫降臨」の際の言葉に由来しているからです。〔筆者注：第9段の正文では司令神はタカミムスヒ。1書のアマテラスのような詔勅の言葉はない〕

　　　葦原千五百秋瑞穂国は、我が子孫が君主たるべき地である。汝皇孫よ。行って治めなさい。さあ、行きなさい。宝祚の栄えることは、天地とともに窮まることがないだろう。

　ところで上山春平は『古事記』の系統図を根の国系（地）と高天原系の2つの系譜の対立構造としてとらえ、天つ神は高天原に住み、国つ神は根の国に住む神とし、高天原系の神々をタカミムスヒ→イザナキ→アマテラス→ホノニニギ、根の国系をカムミムスヒ→スサノオ→オオクニヌシとしています。

　そして『古事記』と『日本書紀』という2つの書物は外見的にも内容的にもさまざまな相違を示しているにもかかわらず、どちらも作られた時期が極めて近接し、かつどちらも天皇を頂点とする朝廷によってつくられた書物であると結論しています。（『神々の体系』中公新書）。

　であれば2つの書物の出現する8年の間、（『古事記』は712年、『日本書紀』は720年に天皇は女帝の元明から同じ女帝の元正に代わりますが）上山春平が指摘するように一貫して政治の実権を握っていたのは藤原不比等であったことはこれまで述べてきた通りです。

おわりに

1

『日本書紀』天武天皇 10 年（681 年、干支は辛巳年）3 月 17 日条には次のように書かれています。

　　天皇（天武）は大極殿にお出ましになって、川島皇子・忍壁皇子・広瀬王・竹田王・桑田王・三野王・大錦下上毛君三千・小錦下忌部連首・小錦下安曇野連稲敷・難波連大形・大山上中臣連大島・大山下平群臣子首に詔して、帝紀及び上古の諸事を記録し確定した。大島・子首が自ら筆を執って記録した。

　この記事は天武天皇が大極殿で 6 人の皇子と有能な臣下上毛野君三千・中臣連大島ら 6 人に国家の歴史書編纂事業の開始を命じたことを言い現わしています。天武のこの歴史書編纂事業が元正天皇養老 4 年（720）太政大臣藤原不比等が死去した同じ年に『日本書紀』として結実したことは広く知られています。

　これら指名された 12 人の歴史書編纂委員の中に大錦下上毛野君三千という人物がいますが、上毛君三千はこの年（天武 10）の 9 月 11 日に卒去したと『日本書紀』は簡単に伝えています。『日本書紀』訳者頭注にしたがって調べてみますと、崇神天皇 17 年（BC580、干支は庚子年）4 月 19 日条に「活目入彦尊（垂仁）を立てて皇太子とし、豊城入彦命には東国を治めさせた。これが上毛野君（群馬）・下毛野君（栃木）の始祖である」と書かれています。

　たしかに崇神天皇 48 年（BC661、干支は辛未年）1 月 10 日条に次のように書かれています。

天皇（崇神）は豊城入彦命・活目尊（垂仁）を呼び、「お前たちの見
た夢でどちらを皇太子にするか決めよう」と言った。兄豊入命は「自
ら御諸山（三輪山）に登り、8回槍を突き出し、8回刀を撃ち振り回
しました」と答えた。弟活目尊は「御諸山の峰に登り、綱を四方に引
き渡し、粟を食む雀を追い払いました」と答えた。
　そこで天皇は「兄は東方だけを向いていた。だから東国を治めるが
よい。弟はすっかり四方に臨んでいた。まさに私の即位を嗣ぐのにふ
さわしい」と言った。4月19日活目尊を皇太子とした。豊城入尊に
は東国を治めさせた。これが上毛野君・下毛野君の始祖である。

　とすると先の歴史国家の編纂事業の1人として天武に指名された上毛野
君三千（『新撰姓氏録』左京皇別・右京皇別に下毛野朝臣氏と同祖）は加羅系
渡来集団の始祖王崇神の長子豊城入彦命の子孫にあたると考えるのが自然
です。しかし上毛野君三千が豊城入彦命の子孫であるという考古学的な資
料が見つかっていません。したがってこのことを前提にして天武天皇の時
代と東国の上毛野（群馬県）と下毛野（栃木県）の関係を筆者の知見の限
りお伝えしたいと思います。
　2人の息子の夢から豊城入彦の荒々しい性格を見抜いた崇神（御間城入
彦）は豊城入彦を地方の豪族に婿入りさせ、関東以北のエミシ討伐に備え
たと推測することが可能です。なぜならこの「崇神紀」のエピソードは景
行天皇（垂仁の子）が3人の皇位継承者（日本武尊・成務・五百城皇子）の
1人日本武（『古事記』は倭建）をエミシ討伐のため日高見国に派遣する物
語によく似ているからです。「記紀」ではヤマトタケルは大和に帰京する
ことのできなかった悲劇の王子として描かれています。
　群馬県には4世紀後半から5世紀前半にかけて前期前方後円墳（三角縁
神獣鏡が出土）が築造されます。前橋市天神山古墳（全長129m）出土の鏡
は奈良県桜井市茶臼山古墳出土や天理市黒塚墳出土の鏡と同型鏡（同じ
版から作られた兄弟鏡）です。考古学者として多くの業績をのこした森浩一

（1928-2013）は青年時代に茶臼山古墳の発掘調査にかかわり確固たる地位を確立しました。

　4世紀前半南朝鮮から北部九州に渡来した崇神を始祖する加羅系渡来集団は邪馬台国を滅ぼし、瀬戸内海沿いの吉備（岡山）に前進基地を造り、大阪湾から難波・河内を征服し、4世紀中ごろ大和盆地東南部の三輪山（御諸山）山麓の纏向に王都を築きます。箸墓古墳は加羅系渡来集団の始祖王御間城入彦（崇神）の墓です。邪馬台国の女王卑弥呼の墓ではありません。また三輪山山麓の纏向西方の奈良盆地中央の唐子・鍵遺跡は加羅系渡来集団の開拓した土地です（『馬子の墓』参照）。

　加羅系渡来集団の主力部隊は纏向に留まりますが、その別動隊は木津川や初瀬川（大和川の上流）を経て伊勢・伊賀・近江へと渡り、木曽川に沿って尾根伝いに北関東（群馬・栃木）に進出します。関東北部の群馬・栃木を拠点とした加羅系集団はさらに会津若松に全長114mの会津大塚山古墳を造営します。会津大塚山古墳からは割竹形木棺と鏡・玉・武器の副葬品が出ます。

2

　2017年（平成29）ユネスコ国連教育科学文化機関（ユネスコ）の「世界の記憶」に登録された「上野三碑（こうずけさんぴ）」（山上碑・多胡碑・金井沢碑）の1つ山上碑（高崎市山名町字山神神谷2104）は日本最古の石碑と知られ、その碑文から壬申の乱（672年）を征した大海人（天武）の時代に造立されたことがわかりました。山上碑は漢字53字からなる碑文ですが、次のように読まれています。

　　辛巳歳（しんしのとし）集月（じゅうがつ）三日に記す。
　　佐野三家（屯倉）を定め賜える健守命（たけもりのみこと）の孫の黒売刀自（くろめとじ）、此れ新川臣（にっかわのおみ）の児の斯多々弥足尼（したたみのすくね）の孫の大児臣（おおごのおみ）に嫁ぎて生める児の長利僧（ちょうりのほうし）が、母の為に記し定むる文なり。放光寺の僧。

冒頭の「辛巳歳集月三日」の碑文から、天武天皇10年（681年、干支は辛巳年）10月3日に記されたことがわかります。「天武天皇10（681）10月3日」というと天武が国家の歴史書編纂事業を上毛君三千らに命じた日、すなわち「天武天皇10年（681）3月17日」の7ヵ月後にあたります。そしてこの年の9月11日に上毛君三千は死去しています。この偶然の一致に私は驚きます。

　また天武天皇10年10月20日条に「新羅が沙喙吉湌金忠平（き たくきつさんきんちゅうひょう）・大奈末金壱世（だい な ま こん いっせ）を派遣して朝貢した。金・銀・銅・鉄・綿・絹・鹿皮・細布の類が、それぞれに数多くあった。別に天皇・皇后・太子に献上する金・銀・霞錦・幡・皮の類がそれぞれ多数あった」とあります。この記事は壬申の乱以降の天武は新羅との交流を盛んに行ったことを物語っています。

　「上野三碑」の話に戻りますが、群馬県内の学者・研究者によれば碑文の「三家」は屯倉（み やけ）のことで6世紀から7世紀にかけて各地の軍事・経済的要地に置かれたヤマト政権の直轄地のことです。これらの屯倉は高崎市南部の烏川両岸（現在の佐野・山名地区一帯）にまたがって設置されたと推定されています。碑文は佐野三家（み やけ）を管理した豪族の子女である黒売と、その子である長利（ちょうり）の系譜を述べています。

　佐野三家は現地豪族と中央から派遣された技術者によって経営され、山上碑文の「健守」は屯倉管理者の始祖とされています。「健守」と「黒売刀自」は祖父と孫の関係にあり、「黒売刀自」は「新川臣」の子孫「大児臣」と結婚して法光寺の僧長利が生まれます（右図参照）。「放光寺」は前橋市総社町の山王廃寺と推定され、東国でも最古・最大級の寺院だったことが発掘調査によって判明しています。ちなみに群馬県・高崎市発行のパンフレットは「法光寺の僧長利」について次のように解説しています。

健守命
　｜
黒売刀自
　｜
長利僧

新川臣
　｜
斯多々弥足尼
　｜
大児臣

　当時、仏教は新たに伝わって先進の思想体系だったため、東国有数

の名刹の僧であった長利は、相当な知識者だったはずです。その彼が名族の知を引く母（黒売刀自）と自己を顕彰し、母を追善するために碑文を刻ませたのでしょう。

山上碑の形状は朝鮮半島の新羅の石碑に類似しており、碑の造立に際しては当地の新羅系渡来人が深く関わったと推定されます。渡来人の知識僧（主として新羅系の人々）が当時の日本の中でも高い文化度を誇っていたと考えられます。

以上のような碑文にもとづく正確かつ緻密な研究・調査による記述でありながら、残念なことにこの解説には「日本古代国家は新旧二つの加羅系と百済系の渡来集団によって建国された」という認識が欠如しています。

先述しましたように上毛野（群馬）も下毛野（栃木）もすでに加羅系渡来集団の始祖崇神の子垂仁こと活目入彦五十狭茅天皇の世に侵入・支配されています。「健守」はいわゆる「渡来人」ではなく、崇神を始祖とする三輪纏向から派遣された加羅系渡来集団の末裔であり、「上毛野」はエミシ攻略と支配の一大拠点であったと考えるべきです。もしかしたら「記紀」のヤマトタケルはこの「健守命」からとった名前かもしれません。

2つ目の多胡碑（高崎市吉井町池1095）には左中弁多治比真人（?–701）・左大臣石上麻呂尊（640–717）・右大臣藤原不比等（?–720）が銘記され、『続日本紀』元明天皇和銅4年（711）3月6日条に「上野甘楽郡の織裳・韓級・矢田・大家・緑野郡の武美、片岡郡の山など6郷を割いて、新しく多胡郡を設けた」と書かれています。パンフによれば碑文の現代語訳は次の通りです。

朝廷の弁官局から命令があった。上野国片岡郡・緑野郡・甘良郡の三郡の中から三百戸を分けて新たに郡をつくり、羊に支配を任せる。郡の名は多胡郡としなさい。和銅4年（711）3月9日甲寅。左中弁正五位下多治比真人による宣旨である。太政官の二品穂積王、左大臣正二位石上（麻呂）尊、右大臣正二位藤原（不比等）尊。

碑文中の「羊」は意味不明ですが、上野国は奈良・平安時代には一大手工業（窯業・布生産）に成長します。多胡碑は地元では羊太夫伝説に彩られ「ひつじさま」として尊敬されているといいます。上野甘良郡の「織裳」という地名からも納得できる解説といえるでしょう。

　『続日本紀』によれば元明天皇和銅5年（712）条には「太安万侶が『古事記』を撰上（1・8）、越後国出羽郡を割き出羽国を置き（9・23）、陸奥国最上・置賜両郡を出羽国に編入（10・1）」と書かれています。初期律令国家がさかんに北関東・信越・東北地方に進出していることがわかります。

　多胡郡の範囲は、現在の高崎市吉井地区から山名町一帯とみられますが、そこはかつて緑野屯倉や佐野屯倉など、ヤマト政権の直轄地が設定されていた領域と重なります。当時、朝廷は直轄地経営の財源と人的資源を確保するために、東北地方のエミシ地の侵略・支配を画策していたと考えられます。

　3つ目の金井沢碑（高崎市山名町金井沢2334）に次のように解読されています（□は欠字）。

　　　　　上野国群馬郡下賛郷高田里の三家子□が、七世父母と現在父母の為に、現在侍る家刀自の他田君目頬刀自、又児の加那刀自、孫の物部君午足、次に駈刀自、次に若駈刀自の合わせて6口、又知識で結びしところの三家毛人、次に知万呂、鍛師の磯部君身麻呂の合わせて3口、是の如く知識を結び而して天地に請願し仕え奉る石文。
　　　　　神亀3年丙寅2月29日。

　ちなみに群馬県・高崎市発行のパンフレットは金井沢碑について次のように解説しています（一部省略）。

　　　　　金井沢碑は、奈良時代初期の神亀3（726）年に、三家氏を名乗る氏族が、同族とともに仏教の教えで結びつき、祖先の供養、一族繁栄を

174

祈るために造立した石碑です。

　三家氏は、山上碑に記された「佐野三家（屯倉）」を経営した豪族の末裔とみられます。碑文の冒頭に「上野国群馬郡下賛郷高田里」と刻まれていることから、その居宅は現在の高崎市南部、烏川東岸の佐野（賛）地区に存在したようです。

　しかし、本碑や山上碑は、その対岸にある烏川西岸（山名地区）に所在するため、佐野三家の領域および三家氏の勢力圏は、広く烏川両岸に及んでいたと考えられます。

　碑文には９口（人）の人名が刻み込まれています。彼らの関係はこれまで様々に解釈されてきましたが、近年では、願主で男性の三家子□□（□は欠字）とその妻→子→孫からなる６人の直系血族（うち女性４人）グループと、同族３人からなる既存の信仰グループが結びつき、この碑を造立したとする勝浦令子氏の説が支持されています。

　また碑文からは大宝律令（701年）以後に定まった行政制度（国郡郷里制）の施行が確認できるほ

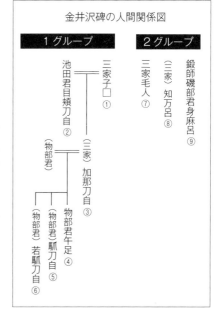

金井沢碑の人間関係図

１グループ

池田君目頬刀自 ②
三家子□ ①
（物部君）
（三家）加那刀自 ③
（物部君）若馴刀自 ⑥
（物部君）馴刀自 ⑤
物部君午足 ④

２グループ

三家毛人 ⑦
（三家）知万呂 ⑧
鍛師磯部君身麻呂 ⑨

か、郡郷名を好字で２字に改訂することを命じた和銅６年（713）の政令の実施も確かめられます。これに伴って、従前の「車」の表示は「群馬」（読みはそのまま「くるま」）の２字に変更され、今日の県名のルーツになっています。

尚、「碑文にみる古代家族」と題する補足説明には「金井沢碑」でなけ

れば知ることのできない豪族の姻戚関係など貴重な事柄が記載されています。後学のために次に引用します。

① 豪族層の主婦（家刀自）は実家の氏姓を冠して呼ばれたこと（目頬刀自は他田君氏から三家氏に嫁ぎ、他田君目頬刀自と称された）。

② 願主の三家子□と目頬刀自の間に生まれた加那刀自は、物部君氏に嫁ぎ、息子の物部君午足や娘の馴刀自・若馴刀自をもうけたが、加奈刀自以下の物部家の4人は、婚後もこぞって実家の祭祀に参加している。

③ 三家毛人・知万呂といった三家氏一族や、金属生産加工を職とする磯部氏、加奈刀自の嫁ぎ先である物部氏らが婚姻と先祖の供養・仏教儀礼を通じて氏族の結束を固めていること。

④ 碑文に登場する人物のうち4人が女性（刀自）であり、女性が氏姓の結束に強い役割をはたしていること。

高崎市から甘楽郡にかけて「物部」の氏名を刻んだ遺物が多く出土していることから、古代の地域経営には物部氏が深く関与していたと考えられます。

私が金井沢碑文とこの補足説明を読んで驚くのは、「目頬」という奇妙な名が『日本書紀』継体天皇24（530）年10月条の毛野臣を迎えに行く「目頬子」とそっくりであることです（『日本書紀』「継体紀」参照）。また「他田君目頬刀自」の「他田」も『日本書紀』敏達天皇（訳田天皇）4年（575年、干支は乙未年）3月11日条や、この歳条に次のように「訳語」「訳語田」で登場します。

天皇（敏達）は新羅がまだ任那を再建しないので皇子（彦人大兄皇子）と大臣（馬子）とに詔して「任那のことを怠ってはならない」と言った。7月6日吉士金を新羅に派遣させ、吉士木蓮子（安閑紀元年

3月6日条に物部木蓮子で登場）を任那に使いさせ、吉士訳語彦（他に
みえず）を百済に使いさせた（4月6日条）。

　6月新羅は使者を派遣して朝貢した。調はいつもより多かった。ま
た多多羅・須奈羅・和陀・発鬼の4つの邑の調も合わせて進上した
（六月条）。

　この歳卜者に命じて、海部王（他にみえず）の宅地と糸井王の宅
地とを占わせた。卜占はどちらも吉であった。そこで宮殿を訳語田に
造営した。これを幸玉宮という。11月皇后広姫が薨去した（是歳条）。

　引用文中の吉士金と吉士木蓮子ですが、崇峻天皇4年（591）11月4日
条にも蘇我一族の諸豪族の下士官として登場しています。

　　　紀男麻呂宿禰・巨勢猿臣・大伴連嚙連・葛城烏奈良臣らを大将軍と
　　して氏々を率いる臣・連を副将軍とし、部隊は2万余人の軍隊を率い
　　て筑紫に出陣した。吉士金を新羅に遣わし、吉士木蓮子を任那に遣わ
　　して任那のことを問責した。

　吉士金と吉士木蓮子の上司である紀男麻呂宿禰・巨勢猿臣・大伴連嚙
連・葛城烏奈良臣らは、物部守屋大連を滅ぼすために蘇我馬子大臣が動員
した崇峻天皇即位時の蘇我氏の同族か傘下の豪族です。蘇我馬子は物部守
屋（彦人大兄。敏達天皇の子）との仏教戦争（587年）で勝利して法興寺（飛
鳥寺）の建立、厩戸皇子（聖徳太子）は四天王寺の建立を祈願します。

　『日本書紀』敏達天皇4年3月11日条に登場する吉士金ですが、『日本
書紀』訳者頭注は「敏達4年3月」の記事と「崇峻4年11月」の記事が
ほとんど同じことから、吉士金と吉士木蓮子を同一人としています。

　ということは安閑天皇の和風諡号「広国排武金日」の「金」は吉士金＝
物部木蓮子＝吉士木蓮子に由来していることがわかります。しかも安閑・
宣化は継体を父とし目子媛を母としています。『日本書紀』継体天皇24年
（530、干支は庚戌）10月条の毛野臣を迎えに行くという目頬子の記事です

177

が、その翌年の531年は欽明＝ワカタケル大王の辛亥のクーデタが起きます。

ちなみに継体天皇が死去する前年の『日本書紀』継体天皇24年（530）10月の奇妙でわかりにくい歌とは次の通りです。

調吉士が任那から帰国し、毛野臣は傲慢でひねくれた性格で政治に不慣れです。決して和解せず、加羅を混乱させ、また自分勝手に振る舞い、患禍を防ごうとしません。そのため目頬子を派遣して毛野臣を召し出させた〔目頬子は未詳である〕。

この年、毛野臣は召されて対馬に到着し、病に罹って死んだ。葬送する時、川（淀川）を遡って近江に入った。毛野臣の妻は歌を詠んで、

枚方ゆ　笛吹き上る　近江のや　毛野の若子い　笛吹き上る

と言った。目頬子が初めて任那に着いた時、そこに済んでいた日本の人々は歌を贈って、

韓国を　如何に言ふことそ　目頬子来る　むかさくる
壱岐の済を　目頬子来る

と言った。

「上野三碑（726年）」「継体天皇24年（530）」「崇峻天皇4年（590）」「敏達天皇4年（575）」の記事ですが、登場人物の毛野臣・物部・吉士金・吉士木蓮子、そして目頬子は互いに関係しています。

とくに目頬子の「目」は継体天皇の后目子媛と密接な関係にあるとみてよいでしょう。はたして目頬子とは安閑天皇（広国排武金日）の別称でしょうか。それとも毛野臣の妻のことでしょうか（『干支一運60年の天皇記』参照）。

　現在、「上野三碑」（山上碑・多胡碑・金井沢碑）は上信電鉄（高崎・下仁田間）の吉井駅を起点にマイクロバス（無料）が30分おきに巡回しています。吉井駅から10分ほどの多胡碑に隣接する多胡碑記念館には多胡碑の歴史・書道史、古代文字の研究資料が展示されています。また敷地内には7世紀前半の横穴式円墳があります。円墳が隣接しているのは山上碑も同じです。山上碑の円墳の被葬者は佐野三家の黒目刀自と推定されています。

　ここからは読者の皆さんがご承知の稲荷山古墳出土の鉄剣銘文に刻まれている次の銘文にもとづいて獲加多支鹵大王（以下ワカタケル大王）が「上野三碑」とどのような関係があるのか、筆者の知見を加えて検証します。稲荷山鉄剣銘文は次の通りです。

（表）　辛亥年七月中記乎獲居臣上祖名意冨比垝其児多加利足尼其児名弓
　　　己加利獲居其児名多加披次獲居其児名多沙鬼獲居其児名半弓比

（裏）　其児名伽差披余其児名呼獲居臣世々為杖刀人首奉事来至今獲加多
　　　支鹵大王寺在斯鬼宮時吾左治天下令作此百錬利刀記吾奉事根源也

（訓読文表）　辛亥の年七月中、記す。ヲワケの臣。上祖、名はオホヒコ。其の児、（名は）タカリノスクネ。其の児　名はテヨカリワケ。其の児、名はタカヒ（ハ）シワケ。其の児、タサキワケ。其の児、名はハテヒ。

（訓読文裏）　其の児　名はカサヒ（ハ）ヨ。其の児　名はヲワケの臣。世々　杖刀人の首と為りて、奉事し来り今に至る。ワカタケ（キ）ル（ロ）大王の寺、シキの宮に在る時、吾、天下を左治し、此の百錬の利刀を作らしめ、吾が奉事の根源を記す也。
　　　（『稲荷山古墳出土鉄剣金象嵌銘概報』埼玉県教育委員会編）

石渡信一郎は稲荷山鉄剣銘文に刻印されているヲワケまでの先祖８代の
軍事指揮官を時の倭国王に対応させ、①オホヒコ：崇神→②タカリノスク
ネ：垂仁、③テヨカリワケ：讃→④タカハシワケ：珍→⑤タサキワケ：済→
⑥ハテヒ：興→⑦カサハヤ：武→⑧ヲワケ：継体とし、次のように解説し
ています。

　　オホヒコの子孫のヲワケの一族は、代々倭国王の指揮官を務めてき
た。継体大王時代に親衛軍の指揮官であったオワケは、辛亥年（531）
の２月のクーデターの時に、ワカタケル（欽明）の側につき、その勝
利に貢献した。７月ワカタケル大王の寺が大和の斯鬼宮に在る時、オ
ワケは親衛軍の指揮官としてワカタケル大王の政治を補佐し、利刀を
作らせて彼の一族が倭国王家に奉仕してきた由来を記した。

　531年に欽明が即位したころ、関東地方の加羅系豪族は倭王武を始
祖とする百済系王朝の直接統治下に入っていなかった。崇神の子とト
ヨキイリヒコ（豊城入彦）を始祖とする毛野氏も、継体時代に上毛野
と下毛野氏に分けられていたが、百済系ヤマト王朝に服従していな
かった。「安閑紀」に次のような記事がある。

　「武蔵国造笠原直使主と同族の小杵とは長年国造の地位を争ってい
たが、小杵は上毛野君小熊に援助を求め、使主を殺そうとした。そ
れを察知した使主は都に行き、事情を朝廷に報告したところ、朝廷は
使主を国造に任命し、小杵を誅殺した。使主は喜んで国のために、横
渟・橘花・多氷・倉栖の屯倉を設けた」

　上毛野氏は東国では朝廷と対抗する勢力であった。しかし王権の
拡張を画策したワカタケル（欽明）はヲワケの一族を武蔵国造として、
上毛野氏を牽制したのであろう。ヲワケは有銘鉄剣（稲荷山鉄剣）を
作ってからまもなく、百済系部民を率いて武蔵国造として赴任したと
思われる。6世紀なかごろ築造された稲荷山古墳は、埼玉古墳群のな
かで最古の古墳であり、初代の武蔵国の墓とみられるので、武蔵国造
となったオワケは現在の行田市付近に本拠を構えたのであろう。

　本書は石渡信一郎の数々の発見をベースに、あったことをなかったことに、なかったことをあったことにした虚実半々の『日本書紀』を再編成し、筋道の通った天皇の起源＝日本の古代史を心掛けました。しかしその試みがうまくいったかどうかは読者の皆様のご判断にゆだねるほかありません。

＊＊＊

　新型コロナの襲来によって世界の状況が一変している昨今です。互いの情報交換がたやすくできるようになっているとはいえ、辛うじて予定通り出版にこぎつけることができました。成長盛りの子ども3人と医療の仕事に従事する妻をもつ編集担当の塚田さんに感謝です。

　しかし、まさに突然のコロナ騒動に巻き込まれ、つい「あとがき」の準備をおろそかにしてしまいました。前著『日本古代史の正体』の「まえがき」を本書の「あとがき」として少々アレンジして皆様への挨拶とさせていただきます。

　令和元年（2019、干支は己亥）もすでに令和2年（2020、干支は庚子）5月10日になります。戦後70年余を経た状況のなかで憲法改正が問題とされるならば、皇室典範や象徴天皇制、天皇の起源や日本の歴史も改めて問われなければなりません。

　しかし日本及び日本人は「記紀」にもとづく根強い皇国史観から解放されていません。一方、世界はクローバル化による民族・国家・文化・政治・経済・宗教等々の矛盾・葛藤・軋轢・衝突が多発し、難民・移民も世界中に拡散しています。また日本の人口は東京の一極集中と地方減少化が進み、村や町は崩壊しつつあります。東京湾岸のハイタワー・マンションの乱立も新幹線から見ても決して心地よい眺めのよい風景ではありません。

　人間の感情から経済を考えた人は『国富論』で有名なアダム・スミス（1723-1790）です。アダム・スミスは、人間はペストや戦争による大量の死にかぎりない驚きや怒りや同情と哀悼の意を表しながら、それらの感情より、今自分のたった1本の小指の不可解な痛みに対する不安と怖れを最

優先するという人間感情の不平等原理を明らかにし、『国富論』より先に『道徳感情論』という本を書きました。

アダム・スミスより1600年も前に生まれた古代ローマの詩人ユウェナリス（西暦60-130年）は『風刺詩集』で権力者から無償で与えられるパン（食べ物）とサーカス（娯楽・競技）によって、ローマ市民が政治的盲目に置かれることを指摘した「パンと見世物」という愚民政策を揶揄し警告し、「健全なる精神は健全なる身体に宿る」という箴言を遺しました。

現在、世界は地球温暖化による風水害の頻発や地震・原発に対する真剣な対応が迫られています。こんな中、新型コロナウイルスの襲来です。この感染病の厄介なことはテレビ・新聞で繰り返し報道され、命と身体と頭脳と健康の在り方が根源から問われています。もう「戦争」という国家間の争いはできないでしょう。

来年7月開催予定の世界各国からのスポーツエリートが出場することを建前としている東京オリンピックも新型コロナのパンデミック（世界的流行）により風前の灯です。政府の2回の緊急事態宣言中、新聞・テレビも国会議員ジャーナリストも評論家もオリンピックの開催についてはタブーと忖度の態度でした。しかしここ数日前から中止論がチラホラでるようになりました。遠からず中止発表がなされるかもしれません。

中止ならば日本政府はできるだけ早く「中止宣言」を発表するべきであると、私は思います。と同時に福島原発の放射能排水処理に対する対策、自然破壊を無理強いに強行している沖縄辺野古基地建設の中止、イージス艦基地造成の中止等々を公にし、ポストコロナウイルス社会を見据えた対策に全力を尽くすことを宣言するならば、政府と国民の信頼関係が回復することができると私は確信します。

2020年5月10日、本書校了の日

　　　　　　　　　　　　　　　　　　　　　　林　　順治

参考文献

〔全般〕

『三国史記』（全4巻）金富軾編著、井上秀雄・鄭早苗訳注、平凡社東洋文庫、1980年

『続日本紀』（新日本古典文学全集）青木和夫、笹山晴生他訳校註、岩波書店、1989年

『続日本紀』（上）宇治谷孟訳、講談社学術文庫、1992年

『日本書紀』（全3巻、新編日本古典文学全集2）、小学館、1994年

『古事記』（日本古典文学全集）山口佳紀・神野志隆光校註・訳、小学館、1997年

『世界史年表・地図』亀井高孝・三上次男・林健太郎・堀米庸三編、吉川弘文館、2002年

『日本史総合年表』吉川弘文館、2005年

〔石渡信一郎の本〕

『日本古代王朝と百済』（私家版）、石渡信一郎、アジア史研究会、1988年

『応神陵の被葬者はだれか』石渡信一郎、三一書房、1990年

『日本書記の秘密』石渡信一郎、三一書房、1992年

『蘇我王朝と天武天皇』石渡信一郎、三一書房、1996年

『ワカタケル大王の秘密』石渡信一郎、三一書房、1997年

『増補新版　百済から渡来した応神天皇』石渡信一郎、三一書房、2001年

『邪馬台国の都　吉野ケ里遺跡』石渡信一郎、信和書房、2011年

『日本神話と藤原不比等』石渡信一郎、信和書房、2012年

『新訂・倭の五王の秘密』石渡信一郎、信和書房、2016年

〔井原教弼の論文〕

「古代王権の歴史改作のシステム」（『季刊アジア古代の文化』42号）、大和書房、1985年1月

〔その他〕

『魏書倭人伝・ほか』石原道博編訳、岩波文庫、1951年

『天武天皇』川崎庸之、岩波新書、1952年

『日本国家の起源』井上光貞、岩波新書、1960年

『騎馬民族国家』江上波夫、中公新書、1967年

『日本古代の国家形成』水野祐、講談社現代新書、1967年

『古代朝日関係歴史』金錫亨著、朝鮮史研究会訳、勁草書房、1969年

『天皇家はどこから来たのか』（サラブレッド・ブックス）佐々克明、二見書房、1971年

『神々の体系』上山春平、中公新書、1972年

『古代国家の成立』直木幸次郎、中公文庫、1973年

『続神々の体系』上山春平、中公新書、1975 年

『古代末期の反乱』林陸朗、教育社新書、1977 年

『新版飛鳥──その古代史と封土』門脇禎二、NHK ブックス、1977 年

「五世紀後半の百済政権と倭」（立命館文学 433・434 号）、古川政司、1978 年

『百済史の研究』坂元義種、塙書房、1978 年

『天武朝』北山茂夫、中公新書、1978 年

『古代の王者と国造』原島礼二、教育社新書、1979 年

「特集　謎の五世紀」（『歴史と人物』1 月号）、中央公論社、1980 年

『東アジアの世界帝国』（ビジュアル版世界の歴史 8）尾形勇、講談社、1985 年

『好太王碑論争の解明』藤田友治、新泉社、1986 年

『天武天皇の正体』大和岩男、六興出版、1987 年

『新版　卑弥呼の謎』安本美典、講談社現代新書、1988 年

『東アジアの古代文化』（特集天武天皇の時代）大和書房、1991 年春・67 号

『消された多氏古事記──まつろわぬ者の秘史』朴炳植、毎日新聞社、1991 年

『日本の歴史』（大系日本の歴史③古代国家の歩み）小学館ライブラリー、1992 年

『失われた九州王朝』古田武彦、朝日文庫、1993 年

『歴史と旅』（特集動乱！　古代王朝交替の謎）秋田書店、1993 年 10 月号

『日本古代国家の成立』直木孝次郎、講談社学術文庫、1996 年

『皇位継承の古代史』亀田隆之、吉川弘文館、1997 年

『埋もれた巨像』上山春平、岩波書店、1997 年

『日本国家の形成』山尾幸久、岩波新書、1997 年

『日本書記』の謎を解く』森博達、中公新書、1999 年

『好太王碑研究とその後』李進熙、青丘文化社、2003 年

「季刊邪馬台国」92 号（特集隅田八幡神社の人物画像鏡銘文の徹底的研究）、梓書院、2006 年

『日本国号の歴史』小林敏男、吉川弘文館、2010 年

「百舌鳥・古市古墳群出現前夜」（平成 25 年度春季特別展）、大阪府立近つ飛鳥博物館、2013 年

『古代天皇家と日本書紀 1300 年の秘密』仲島岳,WAVE 出版、2017 年

『上野三碑』（日中韓国際シンポジウム・パンフ、1917 年 12 月 10 日）、主催上野三碑世界記憶遺産登
　　録推進協議会・群馬県・高崎市

『壬申の乱と関ヶ原』本郷和人、祥伝社、2018 年

『倭の五王』河内春人、中公新書、2018 年

『倭国の誕生』仲島岳、海鳴社、2018 年

『出雲神話論』三浦佑之、講談社、2019 年

『ヤマト王権の古代学』坂靖、新泉社、2020 年

著者略歴

林順治（はやし・じゅんじ）

旧姓福岡。1940年東京生まれ。東京空襲の1年前の1944年、父母の郷里秋田県横手市雄物川町深井（旧平鹿郡福地村深井）に移住。県立横手高校から早稲田大学露文科に進学するも中退。1972年三一書房に入社。取締役編集部長を経て2006年3月退社。

著書に『馬子の墓』『義経紀行』『漱石の時代』『ヒロシマ』『アマテラス誕生』『武蔵坊弁慶』『隅田八幡鏡』「アマテラスの正体」『天皇象徴の日本と〈私〉1940-2009』『八幡神の正体』『古代七つの金石文』『法隆寺の正体』『日本古代国家の秘密』『ヒトラーはなぜユダヤ人を憎悪したか』『「猫」と「坊っちゃん」と漱石の言葉』『日本古代史問答法』『沖縄!』『蘇我王朝の正体』（いずれも彩流社）。『応神＝ヤマトタケルは朝鮮人だった』『仁徳陵の被葬者は継体天皇だ』（河出書房新社）。『日本人の正体』（三五館）。『漱石の秘密』『あっぱれ啄木』（論創社）。『日本古代史集中講義』『「日本書紀」集中講義』『干支一運60年の天皇紀』『天皇象徴の起源と〈私〉の哲学』『改訂版・八幡神の正体』『日本古代史の正体』（えにし書房）。

Emishi Shobo

天武天皇の正体
古人大兄＝大海人＝天武の真相

2020年 5月 31日 初版第1刷発行

■著者　　　林　順治
■発行者　　塚田敬幸
■発行所　　えにし書房株式会社
　　　　　　〒102-0074　東京都千代田区九段南1-5-6　りそな九段ビル3F
　　　　　　TEL 03-4520-6930　FAX 4520-6931
　　　　　　ウェブサイト　http://www.enishishobo.co.jp
　　　　　　E-mail　info@enishishobo.co.jp

■印刷／製本　　三鈴印刷株式会社
■装幀／DTP　　板垣由佳

ⓒ 2020 Junji Hayashi　ISBN978-4-908073-76-2 C0021

ISBN978-4-908073-58-8 C0021

〈新装改訂版〉八幡神の正体

もしも応神天皇が百済人であるならば

林順治 著

定価：2,000円＋税／A5判／並製

八幡神こそ日本の始祖神だった！　全国の神社の半数を占めるほどの信仰を集めながらなぜ『記紀』に出てこないのか？　アマテラスを始祖とする万世一系物語の影に隠された始祖神の実像に迫り、天皇家、藤原家から源氏三代、現在に至る八幡神信仰の深層にある日本古代国家の起源を明らかにする。桓武天皇以後歴代天皇家、藤原家が執拗にエミシ征伐を繰り返し、差別したその過程と理由も丹念に追い、日本古代史の定説を覆す。2012年の初版（彩流社刊）を新装しわかりやすく大幅改訂。

日本古代史の正体

桓武天皇は百済人だった

林順治 著

定価：2,000円＋税／A5判／並製

平成天皇に贈る日本古代史！
韓国との"ゆかり"発言から18年。令和を迎えた今、改めて天皇家の出自を問う。『干支一運60年天皇紀』『八幡神の正体〈新装改訂版〉』に続く「朝鮮半島から渡来した百済系渡来集団による日本古代国家成立」（石渡信一郎の仮説）を主軸にした古代日本国家の成立＝天皇の起源・系譜を問う"日本古代史特集"。

ISBN978-4-908073-67-0 C0021

えにし書房　林順治の古代史関連書

日本古代史集中講義
天皇・アマテラス・エミシを語る

林順治 著　定価：1,800 円＋税／四六判／並製

ISBN978-4-908073-37-3　C0021

日本国家の起源は？ 日本人の起源は？ そして私の起源は？ 古代史の欺瞞を正し、明確な答えを導き出しながら学界からは黙殺される石渡信一郎氏による一連の古代史関連書の多くに編集者として携わり、氏の説に独自の視点を加え、深化させたわかりやすい講義録。新旧２つの渡来集団による古代日本国家の成立と、万世一系神話創設の過程から、最近の天皇退位議論までを熱く語る。

『日本書紀』集中講義
天武・持統・藤原不比等を語る

林順治 著　定価：1,800 円＋税／四六判／並製

ISBN978-4-908073-47-2　C0021

『日本書紀』の"虚と実"を解明する！ 驚くべき古代天皇の系譜を紐解き、さらに壬申の乱（672 年）はなぜ起こったのか。藤原不比等がなぜ『日本書紀』において、蘇我王朝三代の実在をなかったことにしたのか、という核心的謎に迫る。孤高の天才石渡信一郎の「古代日本国家は朝鮮半島からの新旧二つの渡来集団によって成立した」という命題に依拠した、好評の古代史講義シリーズ第２弾。

天皇象徴の起源と〈私〉の哲学
日本古代史から実存を問う

林順治 著　定価：2,000 円＋税／四六判／並製

ISBN978-4-908073-63-2　C0021

天皇制の起源を、石渡信一郎による一連の古代史解釈にフロイト理論を援用、単なる史実解明を超えた独自理論から明らかにする。自身の内的葛藤と古代日本国家の形成過程がシンクロし、日本及び日本人の心性の深奥に分け入る稀有な歴史書。天皇の出自から藤原不比等による記紀編纂事業による神話形成、明治維新と敗戦による神話の再形成・利用過程から現在まで、天皇万世一系神話の核心を衝く。

えにし書房の古代史関連書

干支一運 60 年の天皇紀
藤原不比等の歴史改作システムを解く

林順治 著　定価：2,000 円＋税／ A5 判／並製

ISBN978-4-908073-51-9　C0021

仮に旧王朝の編年体の史書が発見されたものと仮定する。これを
バラバラにし、多くの"天皇紀"に記事を分散配置して新王朝の"万
世一系の歴史"を作ろうとする場合、それがいずれも 60 通りの干
支を包含した干支一運の天皇紀であれば、旧王朝の史書のどの年
度の記事であろうと、希望の天皇紀に該当する干支のところに放
り込める。干支一運の天皇紀は"歴史改作のシステム"なのである。

卑弥呼の「鏡」が解き明かす
邪馬台国とヤマト王権

藤田憲司 著　定価：1,800 円＋税／四六判／並製

ISBN978-4-908073-21-2　C0021

三角縁神獣鏡ほか日韓の緻密な発掘データ解析から、まったく新しい
鏡文化・脱ヤマト王権論を展開。従来の日本・東アジアの古代史像に一
石を投じる。図版データ多数！
邪馬台国は北部九州の中にあったと考えざるを得ない──。
日韓の墳丘墓から出土される鏡に注目し、古墳と副葬品の関連、鏡の
文化の変遷をたどる。

捏造の日本古代史
日本書紀の解析と古墳分布の実態から解く

相原精次 著　定価：2,000 円＋税／四六判／並製

ISBN978-4-908073-35-9　C0021

"古代史"を取り戻せ！　いまこそ真摯に古代史に向き合いたい。
権力の都合によって捏造された形で流布し、常識となっている古代史
の「前提」を疑い、解体する。
日本書紀を虚心に読み込み、その成立過程の「層」構造を究明し、
積年の古墳研究により明らかになりつつある豊穣で多様性に富んだ古
代史の真の姿に迫る。